Sekundarstufe

Dr. Elisabeth Höhn

Arbeitsheft Ethik

3

Dem anderen begegnen

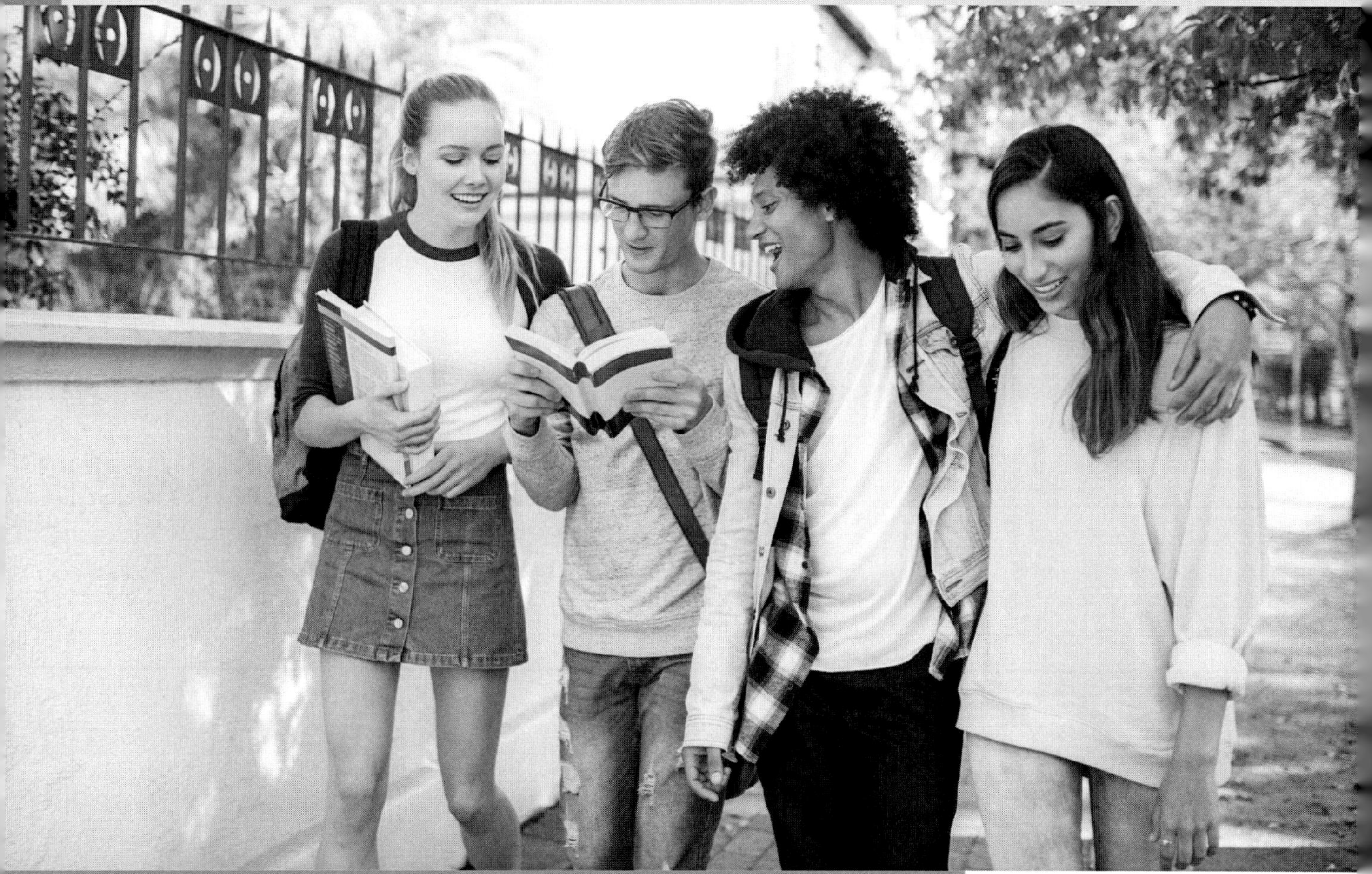

Bewusstsein schaffen für die Grundfragen des menschlichen Daseins

www.kohlverlag.de

Arbeitsheft Ethik

Band 3: Dem anderen begegnen

1. Auflage 2024

Inhalt: Dr. Elisabeth Höhn
Coverbild: © Jacob Lund – AdobeStock.com
Redaktion: Kohl-Verlag
Grafik & Satz: Eva-Maria Noack / Kohl-Verlag
Druck: farbo prepress GmbH, Köln

Bestell-Nr. 13 094

ISBN: 978-3-98841-177-8

Inhalt

ARBEITSHEFT ETHIK
Band 3: Dem anderen begegnen – Bestell-Nr. 13 094

Vorwort

Der Ethikband 3 ‚Dem anderen begegnen‘ behandelt wichtige Themenbereiche eines modernen und schülergerechten Ethikunterrichts und ist einsetzbar an allen Schularten in den Klassen 5 – 10, sowie an Berufsschulen. Das Fach Ethik unterstützt die Suche junger Menschen nach einer verlässlichen Orientierung in der Welt von heute. Es bietet Hilfe zur Übernahme von Verantwortung in Entscheidungs- und Handlungssituationen und dient der Identitätsentwicklung.

Das erste Kapitel behandelt das Thema ‚Freundschaft‘. In allen Freundschaften wird ethisches und soziales Verhalten eingeübt. Freundschaften geben dem Leben Sinn. Das Gefühl Freunde zu haben, die einen in schwierigen Zeiten beistehen, hilft den Alltag zu bewältigen.

Bereits der griechische Philosoph Aristoteles stellte den ethischen Wert einer Freundschaft heraus. Für ihn gehörte Freundschaft zum Lebensnotwendigen. Jeder Mensch braucht Freunde. Freundschaft schützt uns vor Bedrohungen und Ängsten.

Ziel des Kapitels ist es, alle Facetten von Freundschaft in den Blick zu nehmen und darzustellen, was wahre Freundschaft ausmacht. Aber auch in noch so engen Freundschaften kann es zu Konflikten kommen. Dabei spielt das Eisbergmodell eine zentrale Rolle. Körperliche und verbale Gewalt in Form von Mobbing treten gehäuft in Schulen auf. Anhand von Fallbeispielen wird aufgezeigt, wie Streitschlichter bei der Lösung eines Konflikts helfen können.

Ein weiteres Kapitel beschäftigt sich mit Liebe und ihren Ausdrucksformen. Die Schüler und Schülerinnen beschreiben ihre eigenen Vorstellungen von Liebe und machen sich bewusst, welchen Unterschied es zwischen Liebe und Verliebtsein gibt. Sie setzen sich mit verschiedenen Beziehungsformen auseinander und stellen die Folgen unerwiderter Liebe dar.

Familie ist ein Thema, das alle Kinder und Jugendlichen betrifft. In der Familie erfahren sie ihre erste Sozialisation und erlernen grundlegende Fähigkeiten des Zusammenlebens. Wichtige Werte und Normen werden dem Kind an erster Stelle in der Familie vermittelt. In dem Kapitel wird darauf eingegangen, wie sich die Familie im Laufe der Zeit gewandelt hat und welche verschiedenen Formen des familiären Zusammenlebens es heute gibt.

Das letzte Kapitel befasst sich mit der Frage nach dem Glück. Die Schülerinnen und Schüler setzen sich mit unterschiedlichen Vorstellungen zum Thema ‚Glück‘ auseinander und lernen die Formel des Glücks kennen. Sie erarbeiten, was Glück für sie persönlich bedeutet und welche Faktoren für ein glückliches Leben ausschlaggebend sind. Anhand großer biblischer und religiöser Persönlichkeiten wie Jesus von Nazareth und Augustinus wird dargestellt, wie sie in ihrem Leben glücklich wurden.

Die Formen der Übungen und Rätsel bringen Abwechslung in den Schulalltag. Geschichten, Gedichte, Lückentexte und Einsetzübungen aktivieren unterschiedliche Lernstrategien und helfen damit auch, die Informationen nachhaltiger im Gedächtnis zu speichern.

Die Arbeitsblätter enthalten Informationstexte sowie speziell ausgearbeitete Aufgabenstellungen, die sowohl im Frontalunterricht, als auch in Einzel-, Partner- oder Gruppenarbeit behandelt werden können. Sie sind einfach und verständlich mit unterschiedlichen Bildmaterialien gestaltet und sowohl für fachfremd unterrichtende Lehrkräfte als auch für Vertretungsstunden eine wertvolle Hilfe.

In diesem Sinne wünschen der Kohl-Verlag und die Autorin einen lebendigen und abwechslungsreichen Ethikunterricht.

Dr. Elisabeth Höhn

1 Freundschaft

Merkmale und Bedeutung im Laufe der Geschichte

Freundschaften hatten und haben eine wichtige Bedeutung für den Menschen. In der Geschichte der Philosophie war Freundschaft von der Antike an ein häufiges Thema. Philosophen wie Aristoteles und Cicero haben sich mit dem Thema Freundschaften auseinandergesetzt. Dabei verstand z. B. Aristoteles Freundschaft als eine Form der Beziehung, in der sich die Beteiligten gegenseitig wertschätzen. Im christlichen Mittelalter verband sich Freundschaft aus der Liebe Gottes zu den Menschen. In der Romantik wurde die gleichgeschlechtliche Freundschaft thematisiert. Berühmt ist die in den Briefen dokumentierte Freundschaft zwischen den Dichtern Clemens Brentano und Achim von Arnim. Der französische Philosoph Michel de Montaigne (1533-1592) stellte fest, dass ein Freund jemand sei, der einem selbst ähnelt. Im Zeitalter der Aufklärung wird darauf hingewiesen, dass Freundschaft nicht nur etwas Privates ist, sondern sie beinhaltet auch eine Verpflichtung gegenüber der Gesellschaft. Heutzutage sieht man die Bedeutung von Freundschaften vor allem darin, dass sie das eigene Leben bereichern und zu unserer Persönlichkeitsentwicklung beitragen.

1. ***Wie würdest du Freundschaft definieren? Überlege dir eine Definition.***
2. ***In der Literatur ist Freundschaft seit der Antike immer wieder thematisiert worden. Nenne hierfür Beispiele.***
3. ***Der griechische Philosoph Aristoteles (384-322 v. Chr.) beschreibt in seiner ‚Nikomachischen Ethik' drei verschiedene Arten von Freundschaft. Erläutere diese näher.***
4. ***Was macht deiner Ansicht nach, die Freundschaft folgender berühmter Freundespaare aus: Winnetou und Old Shatterhand, Johann Wolfgang von Goethe und Friedrich Schiller, Harry Potter, Ron Weasley und Hermine Granger, Tom Sawyer und Huckleberry Finn.***

Der kleine Prinz und die Rose

In seinem Buch „Der kleine Prinz" schildert Saint-Exupéry die Freundschaft des kleinen Prinzen mit einer Rose. Eines Tages fühlt sich der kleine Prinz von seiner Rose hintergangen. Da klagt er seinem Freund, dem Fuchs, sein Leid. Der Fuchs tröstet den kleinen Prinzen und erklärt ihm, warum ihn seine Rose nicht betrogen hat. Zum Abschied gibt er dem kleinen Prinzen folgende Worte mit auf den Weg:

„Adieu", sagte der Fuchs. „Hier mein Geheimnis. Es ist ganz einfach: Man sieht nur mit dem Herzen gut. Das Wesentliche ist für die Augen unsichtbar."

„Das Wesentliche ist für die Augen unsichtbar", wiederholte der kleine Prinz, um es sich zu merken. „Die Zeit, die du für deine Rose verloren hast, sie macht deine Rose so wichtig." „Die Zeit, die ich für meine Rose verloren habe ...", sagte der kleine Prinz, um es sich zu merken. „Die Menschen haben diese Wahrheit vergessen", sagte der Fuchs, „aber du darfst sie nicht vergessen. Du bist zeitlebens für das verantwortlich, was du dir vertraut gemacht hast. Du bist für deine Rose verantwortlich ..." „Ich bin für meine Rose verantwortlich ...", wiederholte der kleine Prinz, um es sich zu merken.

Was will dieser Satz aussagen:
„Du bist zeitlebens für das verantwortlich, was du dir vertraut gemacht hast"?

ARBEITSHEFT ETHIK
Band 3: Dem anderen begegnen – Bestell-Nr. 13 094
KOHL VERLAG

1 Freundschaft

Gespräch über Freundschaft

Der 14-jährige Kevin verbringt mehrere Nachmittage in der Woche mit seiner Clique. Beim gemeinsamen Mittagessen in der Familie entsteht ein Gespräch zwischen Kevins 12-jähriger Schwester Sarah, seinem 16-jährigen Bruder Benjamin und seinen Eltern.

Sarah: „Ich habe heute einen deiner Freunde getroffen. Weshalb verbringst du mit diesen Typen deine Zeit? Was kannst du von ihnen anderes lernen als Kartenspielen, Rauchen und Musikhören?"

Benjamin: „Da kannst du nicht mitreden, Sarah! Ein guter Freund ist nicht dazu da, dass man etwas lernt. Man hält zusammen, darum geht es!"

Mutter: „Was ist eigentlich mit deinem früheren Freund Tobias. Das war doch ein anständiger Junge. Wie oft hat er dir in Mathe oder Physik geholfen? Deine neuen Freunde sehe ich nicht, wenn es Probleme gibt."

Vater: „Wenn es Benjamin Spaß macht, mit dieser Gruppe Karten zu spielen und Musik zu hören, gibt es nichts einzuwenden. Beim Rauchen aber hört die Toleranz auf. Das ist wirklich nicht nötig, um mit Freunden Spaß zu haben."

1. ***Erstelle eine Mind-Map zum Thema 'Freundschaft'.***
2. ***Oftmals verwenden wir ähnliche Begriffe für Freundschaft. Nenne diese.***
3. ***Entwerfe ein Bild, das dich mit deinem besten Freund/in zeigt. Betrachtet die verschiedenen Zeichnungen und diskutiert darüber, welche tatsächlich Freundschaft darstellen.***
4. ***Versuche das Ideal zu beschreiben, dass hinter einer guten Freundschaft steht.***
5. ***Beschreibe den Unterschied zwischen einer Bekanntschaft, einer Freundschaft und einer Liebschaft.***
6. ***Verfasse eine Anzeige, in der du nach einem Freund oder einer Freundin suchst. Welche Eigenschaften sind dir bei Freunden wichtig?***
7. ***Nicht alle Freundschaften halten ewig. Nenne Gründe, warum Freundschaften zerbrechen.***

Finde Wörter, die zu einer echten Freundschaft passen.

F wie ____________________

R wie ____________________

E wie ____________________

U wie ____________________

N wie ____________________

D wie ____________________

S wie ____________________

C wie ____________________

H wie ____________________

A wie ____________________

F wie ____________________

T wie ____________________

1 Freundschaft

Konflikte – Streit unter Freunden

Carla winkt ihrer besten Freundin Merle morgens in der Schule zu und läuft zu ihr hinüber. Doch Merle wirkt traurig und enttäuscht und geht den Gang schnell weiter. Oh nein, denkt Carla, jetzt hat sie es doch mitbekommen und ich habe extra jeden gesagt, dass er keine Fotos von der Party posten soll. Carla rennt Merle so schnell sie kann hinterher. Aber Merle ist sehr enttäuscht von ihrer besten Freundin. „Es tut mir echt leid, sagt Carla, ich weiß, dass wir gestern verabredet waren, aber dann hat mich Paula zu ihrer Party eingeladen und ich wollte da einfach dazugehören." „Und du sagst einfach ab und behauptest, du wärest krank. Dann geh doch zu den anderen, ich will deine Freundschaft nicht mehr", erwidert Merle. Merle dreht sich mit wütendem Gesichtsausdruck um und läuft davon.

1. ***Welchen Grund gibt Carla an, warum sie nicht zur Verabredung mit Merle kam?***
2. ***Überlege dir Möglichkeiten, wie Carla die Freundschaft mit Merle retten könnte.***
3. ***Erstelle eine Mindmap zum Thema `Konflikte´.***
4. ***Definiere den Begriff ‚Konflikt' und nenne verschiedene Bereiche, in denen Konflikte auftreten können.***
5. ***Stelle mögliche Ursachen von Konflikten dar.***
6. ***Erörtere die vier Phasen eines Konfliktverlaufs.***
7. ***Beschreibe den Unterschied zwischen intrapersonellen und interpersonellen Konflikten und notiere hierfür Beispiele.***
8. ***Erläutere Möglichkeiten, wie man mit Konflikten sinnvoll umgehen sollte.***

Harry Potter – Streit um das Trimagische Turnier

Freunde sind immer füreinander da und helfen sich gegenseitig. Auch Harry, Ron und Hermine unterstützen sich nicht nur im Kampf gegen Todesser und Voldemort, sondern auch gegenüber Lästereien von Mitschülern oder unfairer Behandlung ihrer Lehrer. Beim Trimagischen Turnier kommt es aber zu einem Konflikt zwischen Harry und Ron. Das Trimagische Turnier ist eine Freundschaftswettbewerb, der seit dem 13. Jahrhundert zwischen den drei größten europäischen Zauberschulen durchgeführt wird. Jeder der drei Schulen wählt einen Wettkampfteilnehmer aus. Die drei Wettkampfteilnehmer konkurrieren um schwierige und lebensgefährliche Zauberaufgaben. Sie müssen sich während des Turniers drei Aufgaben stellen, bei denen Tapferkeit, magische Fähigkeiten und Intelligenz auf die Probe gestellt werden. Wer siegt, bekommt den Trimagischen Pokal für seine Schule und als Preisgeld einen Betrag von 1000 Galleonen. Wer für seine Schule antreten darf, entscheidet ein Feuerkelch. Auch die Freunde Harry und Ron würden gerne an dem Trimagischen Turnier teilnehmen, aber sie sind zu jung und dürfen ihre Bewerbung nicht in den Feuerkelch werfen. Bei der Bekanntgabe der Turnierteilnehmer passiert etwas Seltsames: Harry Potter wird als vierter 'Champion' für das Turnier benannt und soll tatsächlich am gefährlichen Turnier teilnehmen. Dafür wird er sogar von den Jahresabschlussprüfungen befreit. Ron wendet sich daraufhin von Harry ab.

1. ***Beschreibe, worum es in dem Streit zwischen Harry und Ron geht.***
2. ***Wie wird der Streit zwischen Harry und Ron beendet? Welche Rolle spielt hierbei Hermine?***

ARBEITSHEFT ETHIK
Band 3: Dem anderen begegnen – Bestell-Nr. 13 094

Freundschaft

Vermeidung von Konflikten – Das Eisbergmodell

Das Eisbergmodell ist ein bekanntes Kommunikationsmodell aus der Psychologie. Es zeigt, wie leicht man aneinander vorbeireden kann und hilft beim Vermeiden und Lösen von Konflikten. Das Eisbergmodell besagt, dass nur ein geringer Teil von 20 Prozent der zwischenmenschlichen Kommunikation aus sichtbaren und bewussten Informationen besteht. Der überwiegende Teil ca. 80 Prozent hängt von unbewussten Faktoren ab. Nur ein geringer Teil der Kommunikation findet verbal, also durch Worte statt. Ein viel größerer Teil findet nonverbal über Mimik, Gestik oder Tonfall statt.

Ordne die folgenden Begriffe den sichtbaren und unsichtbaren Teilen eines Eisberges zu:

Ängste – Gefühle – Erfahrungen – Triebe – Instinkte – Traumata – Körpersprache – Vorgeschichte – Selbstwertgefühl – Worte – Absichten – Stimmungen – Emotionen – Vorstellungen – Bedürfnisse – Fakten – Informationen – Antriebe – Werte – Emotionen

Umgang mit Konflikten in der Schule – Streitschlichter

Bei einem Konflikt kann es hilfreich sein, wenn es Unterstützung bei der Suche nach einer Lösung gibt. An vielen Schulen gibt es deshalb Streitschlichter. Dabei handelt es sich um Schülerinnen und Schüler, die gelernt haben bei Konflikten zu vermitteln und Lösungen zu finden. An einigen Schulen gibt es qualifizierte Lehrer, die die Ausbildung der Schüler übernehmen, andere Schulen holen Experten hinzu. Das richtige Verhalten üben die Streitschlichter in Rollenspielen. Sie lernen verschiedene Gesprächstechniken kennen, auf Mitschüler zuzugehen und achten darauf, dass alle Beteiligten während des Streitschlichtungsverfahrens zu Wort kommen. Nachdem eine Lösung bzw. ein Kompromiss gefunden wurde, wird dieser in einem Vertrag festgehalten, an dem sich beide Parteien halten sollen.

1. ***Nenne Gründe, warum Streitschlichter an Schulen so wichtig sind.***
2. ***Wieso ist es sinnvoll, dass Schüler/innen diese Aufgabe übernehmen und nicht Lehrer/innen?***
3. ***Notiere Eigenschaften, die ein Streitschlichter haben sollte.***
4. ***Informiere dich über den Verlauf einer Streitschlichtung an Schulen.***
5. ***Überlege dir Regeln für eine erfolgreiche Streitschlichtung.***

1 Freundschaft

Das Leben in Gruppen

In den Roman von William Golding „Herr der Fliegen“ überlebt eine Gruppe britischer Schuljungen zwischen sechs und zwölf Jahren einen Flugzeugabsturz und findet sich auf einer unbewohnten Pazifikinsel wieder. Keiner der erwachsenen Begleitpersonen hat überlebt. Zunächst vertrauen die Jungen darauf, dass sie gerettet werden, was aber nicht geschieht. Die Jungen müssen sich auf der Insel neu organisieren, um zu überleben. Anfangs versuchen sie trotz der Isolation und primitiven Lebensweise die Lebensformen der zivilisierten Welt aufrechtzuerhalten. Sie finden Trinkwasser, essbare Früchte und Wildschweine und beginnen die Arbeitsteilung zu organisieren. Sie bemühen sich um den Aufbau einer funktionierenden Gemeinschaft. Auch schaffen sie Regeln und halten Versammlungen ab, um wichtige Fragen zu lösen. Den 12-jährigen muskulösen und redegewandten Ralph wählen sie zum Anführer, weil er sich um das Wohlergehen der anderen kümmert und sehr verantwortungsbewusst ist. Er sorgt dafür, dass die Insel weiter erkundet wird und lässt Hütten bauen. Des Weiteren richtet er einen Wachdienst ein, dessen Aufgabe es ist, das Signalfeuer am Brennen zu halten. Doch bald tritt Chaos, Gewalt und Aggressionen unter ihnen aus. Es bilden sich verschiedene Gruppen, die sich immer stärker voneinander abgrenzen und sich sogar gegenseitig bekämpfen. Es treten sogar Todesfällen auf.

1. ***Erläutere den Begriff ‚Gruppe‘ und notiere Merkmale einer Gruppe.***
2. ***Erörtere die verschiedenen Arten von Gruppen mit ihren Kennzeichen und bringe für jede Gruppe ein Beispiel.***
3. ***Beschreibe die Bedeutung von Gruppen.***
4. ***Informiere dich über die verschiedenen Gruppenphasen nach Bernstein und Lowy. Bestimme, in welcher Gruppenphase sich eure Klasse momentan befindet.***
5. ***Benenne und erörtere Rollen innerhalb einer Gruppe.***
6. ***Fertige ein Mindmap an, in der du alle Gruppen darstellst, denen du angehörst. Reflektiere, welche Rollen du in den verschiedenen Gruppen einnimmst.***
7. ***Das Leben in einer Gruppe erfordert das Einhalten von Regeln. Stelle in Gruppenarbeit Regeln für eure Schulklasse dar.***
8. ***Überlege dir, was man auf einer einsamen Insel zum Überleben benötigt.***
9. ***Analysiere, was einen guten Anführer ausmacht. Benötigt deiner Ansicht nach jede Gruppe einen Anführer?***
10. ***Entwerfe den weiteren Verlauf der Geschichte „Herr der Fliegen“. Überlege dir, wie man die stattfindenden negativen Prozesse stoppen kann. Schreibe ein mögliches Ende der Geschichte.***

2 Liebe

Liebesgedichte

Schön wie ein Engel

Schön wie ein Engel, voll Walhalla`s Wonne,
Schön vor allen Jünglingen war er,
Himmlisch mild sein Blick, wie Maiensonne
Rückgestrahlt vom blauen Spiegelmeer.
Sein Umarmen – wütendes Entzücken! –
Mächtig feurig klopfte Herz an Herz,
Mund und Ohr gefesselt – Nacht
vor unsern Blicken –
Und der Geist gewirbelt himmelwärts.
Seine Küsse paradiesisch Fühlen! –
Wie zwo Flammen sich ergreiffen, wie
Harfentöne in einander spielen,
Zu der himmelvollen Harmonie,
Stürzten, flogen, rasten Geist
und Geist zusammen,
Lippen, Wangen brannten zitterten –
Seele rann in Seele – Erd und
Himmel schwammen
Wie zerronnen, um die Liebenden
Er ist hin – vergebens ach! vergebens
Stöhnet ihm der bange Seufzer nach.
Er ist hin – und alle Lust des Lebens
Wimmert hin in ein verlorenes Ach!

Friedrich von Schiller

Nähe des Geliebten

Ich denke dein, wenn mir der Sonne Schimmer
vom Meere strahlt;
ich denke dein, wenn sich
des Mondes Flimmer
in Quellen malt.
Ich sehe dich, wenn auf dem fernen Wege
der Staub sich hebt!
In tiefer Nacht, wenn auf dem schmalen Stege
der Wanderer bebt.
Ich höre dich, wenn dort mit
dumpfen Rauschen,
die Welle steigt.
Im stillen Haine geh ich oft lauschen,
wenn alles schweigt.
Ich bin bei dir, du seist auch noch so ferne,
du bist mir nah!
Die Sonne sinkt, bald leuchten mir die Sterne.
O wärst du da!

Johann Wolfgang von Goethe

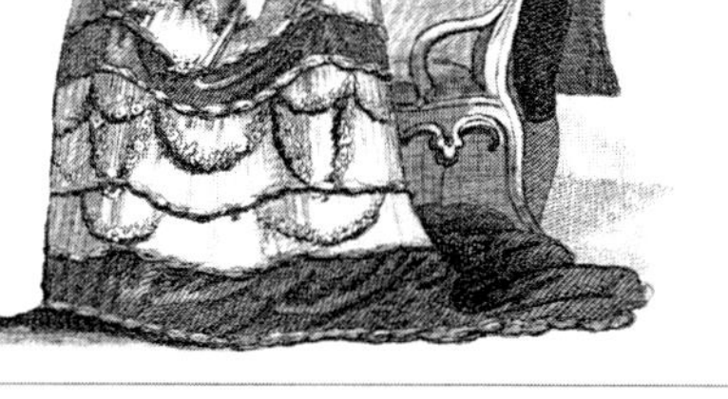

Wenn ich bei meiner Liebsten bin

Wenn ich bei meiner Liebsten bin,
Dann geht das Herz mir auf;
Dann bin ich reich in meinem Sinn
Und biet´ die Welt zu Kauf.
Doch wenn ich wieder scheiden muss
Aus ihrem Schwanenarm,
Dann schwindet all mein Überfluß,
Und ich bin bettelarm.

Heinrich Heine

1. ***In Liebesgedichten taucht neben dem Glücksgefühl oft auch das Gefühl des Leidens und des Schmerzes auf. Erläutere, warum diese Gefühle bei Liebenden so nah beieinander liegen.***
2. ***Welches Bild von Liebe zeichnet Friedrich von Schiller in seinem Gedicht?***
3. ***Mit welchen Bildern versucht Schiller die Einmaligkeit dieser Liebe einzufangen?***
4. ***In Johann Wolfgang von Goethes Gedicht dreht sich alles um den Geliebten. Wodurch wird dies sprachlich deutlich gemacht?***
5. ***Interpretiere das Gedicht von Heinrich Heine ‚Wenn ich bei meiner Liebsten bin‘.***

Liebe

Die Liebe und ihre Ausdrucksformen

Die Liebe ist eines der grundlegendsten und schönsten Erfahrungen des Menschseins. Deshalb hat sie in der Philosophie, der bildenden Kunst, der Musik und sogar in der Baukunst immer wieder Menschen inspiriert, diese Erfahrung darzustellen. Der Begriff ‚Liebe' kommt aus dem Mittelhochdeutschen ‚liep' und bedeutet ‚Gutes, Angenehmes, Wertes'. Liebe ist eine Bezeichnung für ein starkes Gefühl mit der Haltung inniger und tiefer Verbundenheit zu einer Person. In der Literatur, vor allem in der Lyrik, wurde stets der Versuch unternommen, dem Gefühl eine Sprache zu geben. So entstanden im Laufe der Jahrhunderte zahllose Liebesgedichte.

Die deutsche Sprache kennt viele Möglichkeiten, wie sich ein Mensch fühlt, der sich verliebt hat. Redewendungen wie ‚Schmetterlinge im Bauch' oder ‚auf Wolke Sieben schweben' bringen dies zum Ausdruck. Frisch Verliebte befinden sich in einer Phase der Hochstimmung. Nach einiger Zeit lässt dieses Gefühl des ersten Verliebtseins nach. Gelingt es dem Paar über gemeinsame Interessen, Hobbys etc. eine tragfähige Grundlage für die Beziehung zu schaffen, geht dieses anfängliche Gefühl in eine tiefe Verbundenheit über. Die Partner empfinden nun die Liebe als ein Gefühl der Zusammengehörigkeit und Verantwortung für einander. Eine Liebesbeziehung kann nur dann von Dauer sein, wenn sich die Partner als gleichwertig anerkennen und sich gegenseitig unterstützen. Dies bedeutet vor allem auch, die Wünsche und Sorgen des anderen ernst nehmen, seine Stärken und Schwächen akzeptieren und rücksichtsvoll und freundlich mit ihm umgehen.

Als Martina und ihr Freund Simon in einem Reisemagazin blättern, fällt ihr Blick auf das berühmte Tadsch Mahal. Diese Weltkulturerbe wurde von einem indischen Großmogul für seine verstorbene Ehefrau erbaut. Heute zieht es viele frisch vermählte Paare an, die mit dem Besuch des Tadsch Mahal die ewige Dauer ihrer Liebe verbinden. Es zählt heute zu den sieben neuen Weltwundern und steht auf der Liste des UNESCO-Weltkulturerbes.

Das Tadsch Mahal

1. ***Kann es eurer Ansicht nach eine ewige Liebe überhaupt geben? Was meine Menschen, wenn sie von ewiger Liebe sprechen?***
2. ***Suche mindestens fünf Gründe, warum die Liebe seit jeher Künstler zu Erschaffung großer Kunstwerke inspiriert hat.***
3. ***Es gibt verschiedene Arten von Liebe. Benenne diese Arten.***
4. ***Bei der zwischenmenschlichen Liebe werden drei Formen unterschieden: ‚Eros', ‚Philia' und ‚Agape'. Erläutere diese Formen näher.***
5. ***In vielen Kulturen wird die Liebe auch mit Symbolen dargestellt. Welche Symbole für die Liebe kennst du? Beschreibe sie.***
6. ***Benenne bedeutende Liebespaare in der Weltliteratur.***

ARBEITSHEFT ETHIK
Band 3: Dem anderen begegnen – Bestell-Nr. 13 094
KOHL VERLAG

2 Liebe

Unerwiderte Liebe – Fallbeispiel

Klara geht in die 11. Klasse eines Gymnasiums. Eines Tages kommt ein neuer Junge in ihrer Klasse. Florian sieht nicht nur gut aus, er ist auch in kurzer Zeit bei allen beliebt. Er ist nicht nur ein guter Schüler, sondern auch freundlich und nett und immer hilfsbereit. Die Mädchen in der Klasse schwärmen alle von Ihm. Auch Klara hat sich in Florian hoffnungslos verliebt. Sie sieht ihn schon als ihren Freund an und träumt von einer gemeinsamen Zukunft mit ihm. Da sieht sie ihn eines nachmittags mit ihrer besten Freundin Silke Hand in Hand in der Stadt spazieren gehen.

1. ***Was geht wohl Klara beim Anblick des Paares durch den Kopf?***
2. ***Wann spricht man von unerwiderter oder einseitiger Liebe?***
3. ***Was macht eine unerwiderte Liebe mit der betreffenden Person?***
4. ***Warum tut unerwiderte Liebe so weh?***
5. ***Überlege dir, wie man sich von einer unerwiderten oder einseitigen Liebe lösen kann.***

Unerwiderte Liebe – Gedicht von Heinrich Heine

Ein Jüngling liebt ein Mädchen,
Die hat einen andern erwählt;

Der andre liebt eine andre,
Und hat sich mit dieser vermählt.

Das Mädchen heiratet aus Ärger
Den ersten besten Mann,
Der ihr in den Weg gelaufen;
Der Jüngling ist übel dran.

Es ist eine alte Geschichte,
Doch bleibt sie immer neu;
Und wem sie just passieret,
Dem bricht das Herz entzwei.

Heinrich Heine

1. ***Das Gedicht ‚Ein Jüngling liebt ein Mädchen' von Heinrich Heine erschien 1827 in seinem ersten Gedichtband ‚Buch der Lieder' und behandelt das Thema Liebeskummer. Beschreibe mit eigenen Worten den Inhalt des Gedichts.***
2. ***Erläutere, was der Dichter damit ausdrücken wollte, wenn er in Vers 9 und 10 sagt: ‚Es ist eine alte Geschichte, doch bleibt sie immer neu'?***
3. ***Beschreibe anhand des Gedichtes die Folgen unerwiderter Liebe.***
4. ***Wie sollte man mit Liebeskummer umgehen? Erörtere Möglichkeiten!***

3 Partnerschaft – Ehe

Ein Treff im Eiscafé

Horst: *„Hallo Pia, hallo Bernhard, wir haben uns schon ewig nicht mehr gesehen. Wie geht es euch?" Ihr seht ja aus, als würdet ihr schweben. Habt ihr im Lotto gewonnen?"*

Pia: *„Das nicht. Aber ich kann dir gleich diese Einladung geben. Wir wollten sie eben abschicken."*

Horst: *„Sagt bloß, ihr wollt heiraten? Seid ihr noch zu retten? Wollt ihr euch jetzt schon festlegen? Ute und ich haben uns erst neulich darüber unterhalten. Wir sind der Meinung, man sollte zuerst zusammenleben, dann überlegen, ob man überhaupt zusammenpasst. Gut geprüft ist halb gewonnen."*

Bernhard: *„Weißt du, wir haben auch lange darüber gesprochen. Wir lieben uns, warum sollen wir dann nicht heiraten? Wir sehen einen Sinn in der kirchlichen Trauung. Der Segen Gottes – das kann doch nicht verkehrt sein."*

Pia: *„Wir wollen Kinder haben und eine echte Familie sein."*

Horst: *„Meinst du, du liebst deinen Bernhard mit Trauschein und Segen der Kirche mehr als jetzt? Was geht eure Liebe eigentlich Staat und Kirche an? Das ist doch Privatsache. Und überhaupt? Wisst ihr denn nicht, auf was ihr euch da einlasst? Jede zweite Ehe wird wieder geschieden. Seid ihr die große Ausnahme? Oh entschuldigt, ich wollte euch keine Angst machen und euch die Freude nicht verderben."*

Bernhard: *„Du machst uns keine Angst. Wir wagen es auf jeden Fall. Wir meinen, dass die Ehe etwas mit Gott zu tun hat. Du bist eingeladen, mit uns zu feiern. Du kommst doch? Aber nicht nur zum Feiern, sondern auch zum Gottesdienst in der Kirche. Pia will's nämlich ganz feierlich mit Orgelmusik, Blumenschmuck, weißem Brautkleid, Pfarrer und so. Dann kannst du gleich sehen, wie man das macht."*

Horst: *„Gott bewahre. Meine Freiheit geht mir über alles. Ich möchte nicht so fest gebunden sein. Erst neulich las ich: Die Ehe ist der Tod der Liebe."*

Szenen einer Ehe ohne Trauschein

Immer größer wird die Zahl der Partner, die sich für ein Zusammenleben ohne Standesamt und kirchlichen Segen entscheiden. Diese Form des nichtehelichen Zusammenlebens wird auch als nichteheliche Lebensgemeinschaft bezeichnet.
Doch was passiert, wenn eine solche Verbindung in die Brüche geht? Einen Anspruch auf Unterhalt während der bestehenden, nichtehelichen Lebensgemeinschaft oder nach einer Trennung gibt es für die Partner nicht.

Fallbeispiel:
Bei einer Party hatten sie sich kennengelernt: die Münchner Verwaltungsangestellte Tatjana Spengler und der Student Bernd Schulz. Sie mochten sich auf Anhieb und drei Wochen später beschlossen sie schon, eine gemeinsame Wohnung zu beziehen. Tatjana schwebte im siebten Himmel. Was machte es schon, dass Bernd von seinen Eltern nur eine kleine monatliche Unterstützung bezog. Sie verdiente ja gut und gab ihm auch Vollmacht über ihr Konto. Leichten Herzens plünderte er ihr Sparkonto und kaufte den Großteil der Wohnungseinrichtung, ohne die Rechnungen aufzuheben. Tatjana bezahlte auch Kaution und Maklergebühr, den Mietvertrag jedoch unterschrieb Bernd Schulz. Zwei Jahre später war der Traum vom großen Glück ausgeträumt. Tatjana stand auf der Straße – ohne Wohnung und etliche Tausend Euro ärmer. Eine teure Lehre für die 27-Jährige.

1. ***Was hältst du von der Ehe ohne Trauschein?***
2. ***Nenne Argumente für eine Ehe mit und ohne Trauschein. Stelle die Argumente gegenüber.***
3. ***Wie beurteilst du die derzeitige rechtliche Situation der eheähnlichen Gemeinschaften?***
4. ***Was sollte der Staat deiner Meinung nach in Bezug auf eheähnliche Gemeinschaften ändern?***
5. ***Wie hätte sich Tatjana bezüglich der gemeinsamen Wohnung verhalten sollen?***

ARBEITSHEFT ETHIK
Band 3: Dem anderen begegnen – Bestell-Nr. 13 094

3 Partnerschaft – Ehe

Vorstellungen über die Ehe

Die Ehe ist wie …
- ein Baum, der immer wieder neue Blätter hervorbringt.
- Farben, die zusammentreffen.
- Einsamkeit zu zweit.
- eine gegenseitige Entwicklungshilfe.
- ein lebenslanger Boxkampf.
- eine warme Decke für die Nacht.
- ein Hafen im Sturm, mehr jedoch ein Sturm im Hafen.
- eine Fahrt ins Ungewisse.
- ein Paradies auf Erden.
- ein Krieg ohne Anfang und Ende.
- ein erotisches Gefängnis.
- ein Versuch, zu zweit mit den Problemen fertig zu werden, die man allein niemals gehabt hätte.

1. ***Welche Metapher zum Begriff ‚Ehe' kommt deiner Vorstellung am nächsten?***
2. ***Welche dieser Vergleiche sind deiner Meinung nach völlig verkehrt?***
3. ***Welche Erfahrungen stecken hinter diesen Vergleichen?***

Ehe in der Krise – Scheidung ein Ausweg?

Klaus B. und Elke S. haben vor zehn Jahren geheiratet. Sie waren glücklich miteinander und freuten sich über ihren Sohn. Nach der Geburt des zweiten Sohnes, nach acht Jahren Ehe beginnt es in der Ehe zu kriseln. Elke ging neben ihrer Berufstätigkeit ganz auf in der Sorge um ihre Söhne; für Klaus hatte sie dadurch immer weniger Zeit. Auch unternahmen sie nichts mehr gemeinsam. Sie bemerkte nicht, dass Klaus darunter litt und Klaus scheute sich, mit Elke darüber zu sprechen. Allmählich fühlte sich Klaus zu Hause nicht mehr wohl und ging abends öfters aus. Elke dachte sich nichts dabei, im Gegenteil, es war ihr sogar insgeheim recht, denn so konnte sie sich abends ein bisschen entspannen. Da machte Klaus die Bekanntschaft einer attraktiven jungen Frau. Nach anfänglich nur flüchtigen Begegnungen verbrachte er immer öfter Zeit mit ihr. Er kam spät nach Hause, sonntags ging er oft alleine fort, manchmal war er ein ganzes Wochenende nicht zu Hause. Ausreden für seine Frau fand er genügend. Elke spürte, dass etwas nicht mehr stimmte. Unbewusst wurde sie auch aggressiver in ihrem Verhalten gegenüber Klaus, aber keiner sagte etwas. So ging es ein halbes Jahr. Das Verhältnis von Elke und Klaus wurde immer angespannter. Eines Abends platzte dann die Bombe. Klaus kam wieder einmal spät nach Hause. Auf ihre Frage, woher er so spät käme, gab Klaus nur abfällig zur Antwort: „Das geht dich nichts an!" Elke ging schweigend zu Bett. Am nächsten Morgen eröffnete sie Klaus, dass sie sein Verhalten nicht mehr dulde und an Scheidung denke.

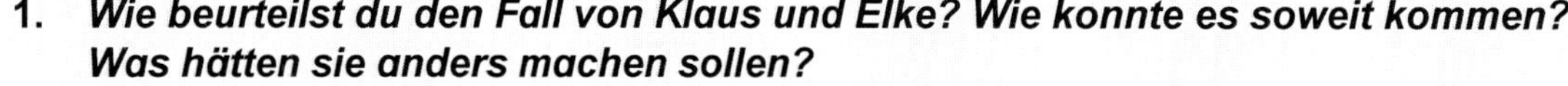

1. ***Wie beurteilst du den Fall von Klaus und Elke? Wie konnte es soweit kommen? Was hätten sie anders machen sollen?***
2. ***Nenne mögliche Ursachen für Krisen in einer Ehe.***
3. ***Könnte man die Ehe von Klaus und Elke retten? Welche Möglichkeiten siehst du?***

4 Familie

Das Ausgleichskind

„Du bist nämlich in eurer Familie das Ausgleichskind", sagt Akki und setzte sich auf einen weißen Korbstuhl. Der Stuhl knarrte. „Noch gar nicht gemerkt? Du bist ihr Trost in schweren Tagen, ihre Sonne bei Kummer und Regen, und dass du so genial bist, hilft ihnen über einiges hinweg." Ich überhörte die Anspielung auf (meine Schwester) Marthe. „Die Familie", sagte Akki und schenkte aus einem Tonkrug frisch gepressten Zitronensaft in sein Glas, „ist ein System. Jedes Mitglied hat seine Rolle zu spielen. Verändert sich die Situation des einen, muss sich notwendigerweise auch die aller anderen verändern. Verstehst du?" „Ich will auch Saft", sagte ich. Akki hielt mir den Krug hin. „Und deine Rolle, kluge Margarete", sagte er, „ist es, in eurer Familie auszugleichen. Je mehr bei euch schiefgeht, desto mehr bist du gefordert. Nur wenn es einigermaßen gut läuft, lassen sie dich in Frieden. Mehr oder weniger."

Kirsten Boie

1. ***Die Familie ist ein wichtiger Teil im Beziehungsgeflecht. Formuliere eine eigene Definition von ‚Familie' und beschreibe die Vielfalt der heutigen Familienformen.***
2. ***Wie ist die Situation in deiner Familie? Hast du Geschwister oder bist du ein Einzelkind? Wie ist das Verhältnis zwischen den Geschwistern untereinander und zwischen den Eltern und den Kindern.***
3. ***Erkläre anhand des Textes, was ein Ausgleichskind ist und worauf es reagieren muss.***
4. ***Was gehört eurer Ansicht nach zu einer vollständigen Familie?***
5. ***Beschreibe die Aufgabe in einer Familie.***
6. ***Welche Rollen gibt es in eurer Familie und wie werden sie verteilt? Gehören noch weitere Personen oder Tiere zu eurer Familie?***
7. ***Überlege, ob eine Leihoma oder ein Leihopa zur Familie gehören kann. Schreibe eine Stellenanzeige für eine Leihoma.***
8. ***Welche Eigenschaften muss deiner Ansicht nach eine Leihoma bzw. ein Leihopa haben?***
9. ***Stelle die Vor- und Nachteile einer Leihoma oder eines Leihopas dar.***

Familienfeiern

Regelmäßig kommen an einem meist prachtvoll geschmückten und üppig beladenen Tisch Leute zusammen, die sich eigentlich nichts mehr zu sagen haben. Die aber etwas verbindet, was sich nicht so leicht lösen lässt: Blutsbande. Die Familie ruft. Immer und immer wieder. Jemand hat einen runden Geburtstag oder heiratet. Der Kalender schreibt Weihnachten und Ostern vor. Irgendetwas ist immer, um all diejenigen zusammentrommeln zu können, die nicht unbedingt etwas miteinander zu tun haben wollen. Doch der Familie entkommen sie nicht.

Ein Familienratgeber von Falko Löffler

1. ***Was findet Falko Löffler an Familienfeiern so schwierig?***
2. ***Erzähle von eigenen Familienfeiern, ihren Anlässen und Abläufen.***
3. ***Formuliere Ratschläge, wie Familienfeiern gelingen können.***

ARBEITSHEFT ETHIK
Band 3: Dem anderen begegnen – Bestell-Nr. 13 094

4 Familie

Die Bedeutung der Familie

Die Familie ist der erste Ort, an dem der einzelne Mensch im aktiven Umgang mit anderen Menschen, vor allem mit seinen Eltern, seine sozialen Verhaltensweisen einübt (Sozialisation). Sie ist der erste Ort, an dem der einzelne Mensch einen Ausschnitt der Werte, Einstellungen und Ideologien (richtige und falsche Bilder der Welt) lernt, die „draußen" in der Welt Gültigkeit besitzen.

Die Familie stabilisiert die Identität. Nach Konflikten und Niederlagen können uns die Familienangehörigen wieder aufbauen, uns unser Selbstvertrauen wieder zurückgeben und uns helfen, Wege zu finden, nach unseren Ideen und Werten zu leben. Denn die Familie ist ein ‚Testgelände', auf dem Meinungen und Verhaltensweisen erprobt werden können. Man erhält Rückmeldungen, die Selbsteinschätzung und Korrektur des Verhaltens ermöglichen (Personalisation). Kinder benötigen in ihren ersten Lebensjahren zuverlässige, stabile und berechenbare soziale Beziehungen. Die Familie scheint hierfür besonders geeignet zu sein. Die Familienmitglieder können offen ihre Gefühle äußern; es gibt in der Familie zumeist beide Geschlechter und Altersunterschiede, sodass die Kinder besser verschiedene Rollen lernen und übernehmen können. Die Familie bietet meist ein recht stabiles, lang andauerndes Nest, in dem der Einzelne immer wieder Schutz und Geborgenheit erfahren kann.

Die Familie kann und soll über Fähigkeiten verfügen, die andere Gruppen nicht haben:

- Grundlegendes Vertrauen in die Umwelt als Lebensfundament vermitteln (Urvertrauen).
- Möglichkeit, auch Gefühle wie Angst und Aggression leben und ausdrücken zu können.
- Möglichkeit, Spannungen und Konflikte untereinander zu lösen auf der Basis dauerhaften Vertrauens.

Voraussetzungen dafür, dass die Familie diese Fähigkeiten aufweisen kann: Die Eltern müssen in für sie befriedigenden sozialen Beziehungen unter zufriedenstellenden materiellen Bedingungen leben.

Zum Nachdenken

- Ehe und Familie gehören für die meisten jungen Menschen auch heute zum Mittelpunkt ihrer Lebensplanung. Sie verbinden damit die Erwartung nach Geborgenheit, Intimität und Glück.
- Etwa $^{3}/_{4}$ aller Jugendlichen haben das Gefühl, dass sie von der Familie am meisten bekommen und ihr am meisten geben.
- 66 Prozent meinen, dass die Familie die Voraussetzung für ein glückliches Leben sei.
- Für 9 von 10 Erwachsenen ist die Familie die wichtigste Gemeinschaft.
- Fast jede zweite Ehe wird in Deutschland geschieden. Überlege dir hierfür Gründe!
- „Ehe und Familie werden mehr und mehr zu vorübergehenden Bindungen, die man eingeht und löst wie Mietverträge."

Ernst W. Heim

Familie

Die Groß- und Kleinfamilie

Großfamilie = drei und mehr Generationen leben in einem Haushalt

Kleinfamilie = zwei Generationen leben in einem Haushalt

1. ***Betrachte das Bild und beschreibe es genau. Was fällt dir auf? Wie viele Personen sind anwesend? Wie viele Kinder?***
2. ***Entspricht das Bild heutzutage den tatsächlichen Verhältnissen in einer Familie? Was ist heutzutage anders in den Familien? Fehlt etwas auf dem Bild?***
3. ***Male ein Bild von deiner Familie. Wie ist die Situation in deiner Familie? Wie viele Geschwister hast du? Wie ist das Verhältnis zwischen Großeltern, Eltern und Kinder?***
4. ***Beschreibe die Vor- und Nachteile einer Großfamilie auf die Entwicklung der Kinder.***
5. ***Erstelle eine Wortwolke zum Thema `Familie´. Benutze hierfür unterschiedliche Farben. Notiere in die Mitte des Blattes das Wort `Familie´. Ordne weitere Wörter, die mit der Familie in Zusammenhang stehen um die Familie herum: Je wichtiger ein Wort, desto näher wird es am Zentrum platziert. Schreibe bedeutsame Wörter größer als weniger bedeutsame.***

Auswirkungen der Großfamilie auf die Entwicklung der Kinder

Vorteile:

➢ ____

____

➢ ____

____

➢ ____

____

Nachteile:

➢ ____

____

➢ ____

____

➢ ____

____

KOHL VERLAG Lernen mit Erfolg
ARBEITSHEFT ETHIK
Band 3: Dem anderen begegnen – Bestell-Nr. 13 094

4 Familie

Unser Familienhaus

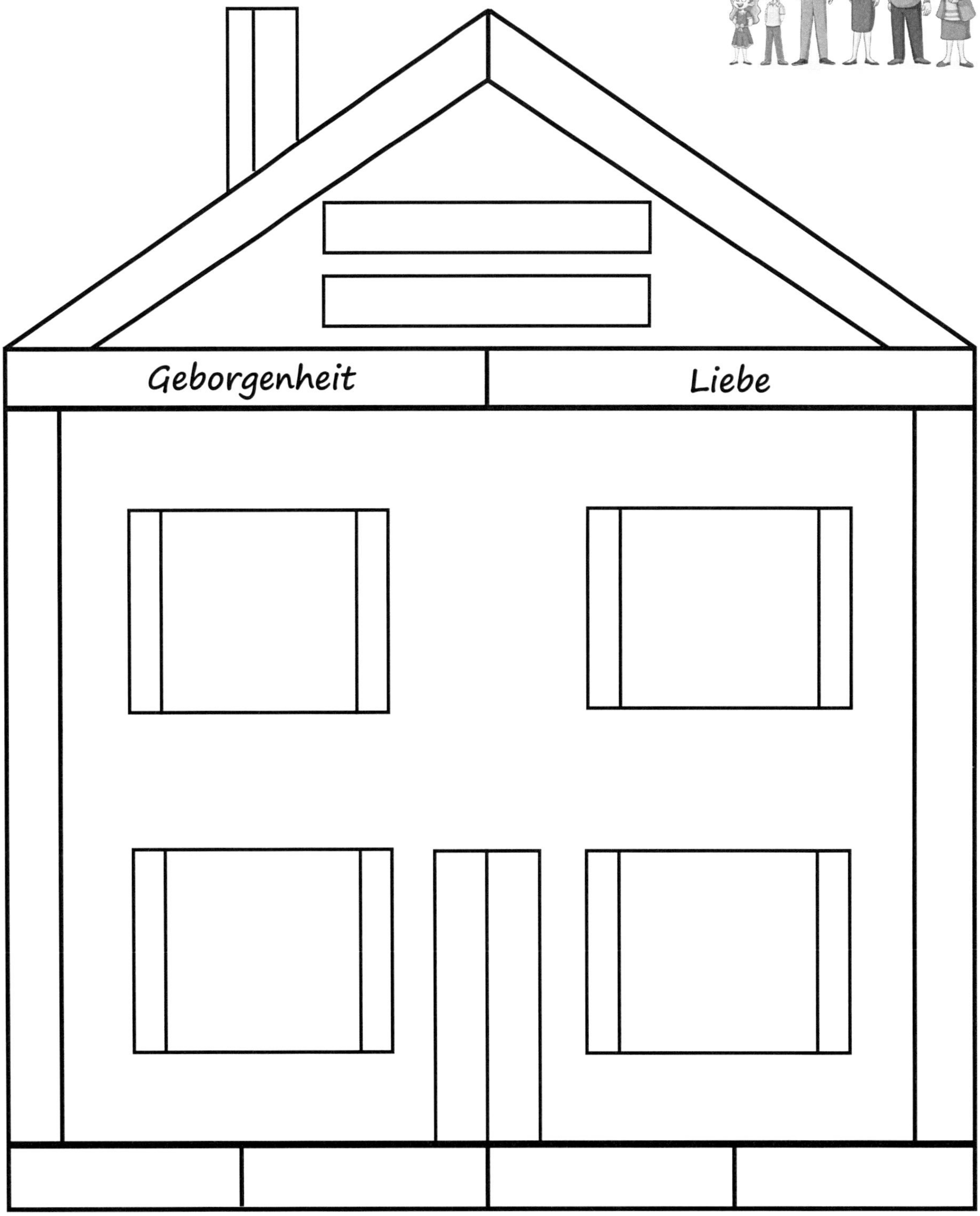

Geborgenheit

Liebe

Trage in das Fundament, in die Wände, Balken, Türen und Fenster des Hauses Tugenden ein, die wichtig sind, damit das Familienhaus feststeht. Male dein Familienhaus mit unterschiedlichen Farben aus.

4 Familie

Familie pro & contra

Familie	
Positives	**Negatives**

Fürsorge und Rückhalt

Freiheit

Persönlichkeitsentwicklung

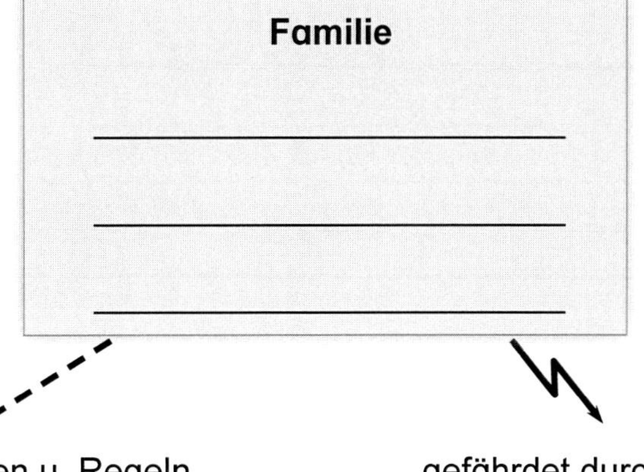

erfordert Verpflichtungen u. Regeln

- __________
- __________
- __________
- __________
- __________

gefährdet durch

- __________
- __________
- __________
- __________
- __________

4 Familie

Meinungen von Schülerinnen und Schülern über ihre Familie

„Für mich ist die Familie ein Ort der Geborgenheit vor den vielen Anforderungen in Schule und Beruf. Als ich neulich aus Unüberlegtheit in finanzielle Schwierigkeiten geriet, halfen mir meine Eltern sofort. Auch auf meinen Bruder und auf meine Schwester kann ich mich verlassen. Wir sind zwar nicht immer einer Meinung, und es gibt ab und zu auch mal Streit zwischen uns, aber wenn der eine den anderen braucht, kann er auf ihn zählen. Natürlich gibt es bei uns eine bestimmte Ordnung. Jeder hat seine Rechte und Pflichten. Durch Gespräche mit meinen Eltern und Geschwistern habe ich viel gelernt. Ich weiß, was sie denken und warum sie so oder so handeln. Manches sehe ich so wie sie, bei anderen Sachen habe ich eine eigene Meinung. Meiner Familie verdanke ich eine ganze Menge. Einiges könnte zwar auch anders sein, aber ob es deswegen besser wäre, ist fraglich."

Michael, 16 Jahre

„Familie ist dort, wo man nicht rausgeworfen wird, selbst dann, wenn man alles falsch macht!"

Ein Sechzehnjähriger

„Ich lebe wie eine Fremde in unserer Familie. Ich habe das Gefühl, dass keiner vom anderen auch nur die geringste Ahnung hat. Wir essen zusammen, wir waschen unsere Wäsche in der gleichen Waschmaschine, wir schlafen unter einem Dach, aber wirklich miteinander leben – das tun wir überhaupt nicht. Vater ist den ganzen Tag fort, und wenn er am Wochenende da ist, schläft er, um sich zu erholen, oder er verschwindet in seinem Hobbyraum. Mutter hat tausend Dinge zu erledigen, sie läuft von morgens bis abends hektisch im Haus herum."

Katharina, 14 Jahre

1. ***Äußere deine Meinung zu diesen einzelnen Schilderungen.***

____

____

____

2. ***Mache Vorschläge zur Veränderung der geschilderten Familiensituation.***

____

____

____

____

Wünsche an meine Familie

Was trage ich dazu bei, dass sich alle in meiner Familie wohl fühlen?

Egon wünscht sich die Familie so:
Das Elternhaus sollte eine Imbissstube sein, in der ich jederzeit bestellen und essen kann, worauf ich gerade Appetit habe, ein Nachtasyl, das mir immer offen steht, wann immer ich nach Hause komme, eine gemütliche Bleibe, wo ich bei schlechtem Wetter ungestört fernsehen oder Platten hören kann, eine Wäscherei, die mir die Kleider in Ordnung bringt, eine angenehme Klinik, wo ich im Falle einer Krankheit gepflegt werde, außerdem soll sie mir einen flotten Partykeller bieten, in dem ich mit meinen Freunden tanzen, trinken, rauchen und Krach machen kann, solange es uns Spaß macht. Selbstverständlich alles kostenlos.

4 Familie

Selbstständigkeit als Erziehungsziel

Mit zunehmendem Alter wollen Jugendliche auch eigenständig sein. Sie wollen sich nichts mehr sagen lassen, sie wollen selbst entscheiden. In dem Maße, wie ihre Selbständigkeit wächst, nimmt der Einfluss der Eltern ab. Während dieser Entwicklung können Spannungen und Konflikte auftreten, die von Eltern und Jugendlichen als schmerzlich empfunden werden, aber zum Reifungsprozess dazugehören.

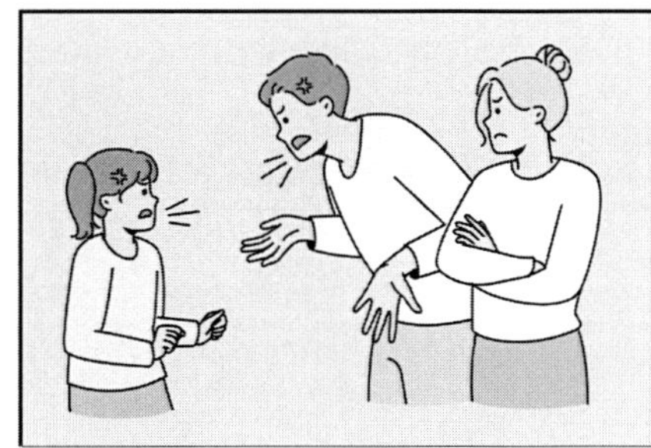

Ein Jugendlicher schreibt:
„Bei uns ist es langweilig ..., oder es wird über mich gemeckert. Eigentlich kann ich es meinen Eltern nie recht machen. Deshalb bleibe ich meist auf meinem Zimmer, oder ich gehe weg."

Die Selbständigkeit des Jugendlichen soll das Ziel der Erziehung in der Familie sein. Manche Eltern verzögern oder verhindern den notwendigen Ablösungsprozess aus Angst vor dem Verlust ihres Kindes. Jugendliche sollen sich aber von den Eltern ablösen, damit sie selbständig werden und Aufgaben in eigener Verantwortung übernehmen können.

1. ***Das Jugendalter wird oft als Krisenzeit im Leben eines Menschen bezeichnet. Nenne hierfür Gründe.***

____

____

____

____

2. ***Beschreibe typische Entwicklungsaufgaben im Jugendalter.***

____

____

____

____

Die Familie Jesu – Matthäus 12, 46-50

Da er noch zu dem Volk redete, siehe, da standen seine Mutter und seine Brüder draußen, die wollten mit ihm reden. Da sprach einer zu ihm: „Siehe, deine Mutter und deine Brüder stehen draußen und wollen mit dir reden." Er antwortete aber und sprach zu dem, der es ihm ansagte: „Wer ist meine Mutter, und wer sind meine Brüder?" Und reckte die Hand aus über seine Jünger und sprach: „Siehe da, das ist meine Mutter und meine Brüder! Denn wer den Willen meines Vaters im Himmel tut, der ist mein Bruder und meine Schwester und meine Mutter."

Wer gehört zur Familie Jesu?

____

____

____

____

____

Jesus mit seinen Jüngern

KOHL VERLAG ARBEITSHEFT ETHIK Band 3: Dem anderen begegnen – Bestell-Nr. 13 094

4 Familie

Familie im Wandel

Brief von Sebastian an seine Mutter, die zur Kur ist:

Hallo, Mutter!

Mach Dir keine Sorgen um uns! Hier geht alles seinen normalen Gang. Die Tiefkühltruhe ist bald leer und das Geschirr im Allgemeinen noch vollständig. Vater führt die Aufsicht, trägt die Verantwortung und steht den anderen im Weg. Vorhin hat er in den Geschirrspüler Waschpulver geschüttet, die Teller werden also sauber werden. Guten Appetit! Du wirst es kaum glauben, aber Ines hat zum Bügeleisen gegriffen: Die Oberhemden sind tatsächlich glatt geworden, nur die Falten sitzen an verschiedenen Stellen, aber das fällt kaum auf. Ich habe heute Morgen das Fleisch angebraten, Fett in die Pfanne und das Fleisch fünf Minuten schön gewendet; dann musste ich für meine Führerscheinprüfung pauken und habe darüber leider das Fleisch vergessen. Dagmar hängte gerade im Garten die Wäsche auf und sah die blauen Wolken aus der Küche quellen. Da deine Tochter zuweilen eine schnelle Auffassungsgabe besitzt, rennt sie in die Küche, will die Pfanne vom Herd nehmen, die ist heiß, sie verbrennt sich und lässt die Pfanne fallen: Fett und Soße verteilten sich gemächlich in allen Ecken. Vater ist sofort eingeschritten: Er hat einen Putzlappen in viel kaltes Wasser getunkt und damit Fett und Soße aufgewischt; anschließend war der Küchenboden glatt wie Schmierseife, leider hat Ines das erst gemerkt, als sie der Länge nach hingeschlagen ist. Gott sei Dank ist nicht viel passiert, die zwei Beulen tun ihrer Schönheit keinen Abbruch. Vater meinte, über Kleinigkeiten des Lebens soll man sich nicht aufregen, er hat den Braten gesäubert, und morgen werden wir ihn gemeinsam vertilgen. Das wär's für heute. Wenn es Dir in der Kur gefällt, kannst du gern noch länger bleiben – übrigens: Dieser Brief war nur eine Horrorvision darüber, wie es sein könnte. In Wirklichkeit läuft hier alles ganz anders, Du darfst von dem, was ich geschrieben habe, ruhig 50 % abstreichen. Wir schaffen das schon. Mit den Kleinen komme ich ganz gut zurecht.

Liebe Grüße von uns allen! Sebastian

Jens W., 17 Jahre, über sein Verhältnis zu seinen Eltern:

Immer wieder höre ich von meinen Freunden, dass sie mit ihren Eltern Krach haben, weil sie zu Hause nicht genügend mithelfen. Bei mir ist das kein Problem. Ich denke gar nicht daran, zu Hause einen Handschlag zu tun! Ich habe meinen Eltern schon vor einem Jahr erklärt: Ihr habt mich in die Welt gesetzt, ich bin vorher nicht gefragt worden, jetzt müsst ihr euch um mich kümmern. Das ist eure Pflicht, so lange ich noch keine 18 bin. Ich brauche Essen, Trinken, Kleidung, ein vernünftiges Taschengeld für meine Ausgaben und ein eigenes Zimmer, wo mich niemand stört. Die Hausarbeit könnt ihr unter euch aufteilen; mich geht das nichts an!

Gestern

Kindespflichten. *„Ehre Vater und Mutter!" Weil die Eltern die Stellvertreter Gottes sind, darum sollen sie die Kinder im Herzen hochschätzen, achtungsvoll von ihnen und mit ihnen reden, sich höflich und bescheiden gegen sie betragen. Weil die Eltern nach Gott die größten Wohltäter der Kinder sind, so müssen die Kinder den Eltern Liebe erweisen. Sie sollen für die Eltern oft beten, ihnen Freude machen und nach Kräften helfen. Weil die Eltern die Pflicht haben, die Kinder gut zu erziehen, haben die Kinder die Pflicht, den Eltern zu gehorchen. Wo treu sorgende Elternliebe und kindlicher Gehorsam wohnen, da ist echtes Familienglück zu finden und wäre das Häuschen auch so eng und klein wie das Zimmermannshäuschen zu Nazareth. Was schulden die Kinder ihren Eltern? Die Kinder schulden ihren Eltern Ehrfurcht, Liebe und Gehorsam.*

Religionsbuch für kath. Fortbildungsschulen 1930

1. ***Wodurch unterscheiden sich die Einstellungen von Jens und Sebastian?***
2. ***Finde Argumente, die für und gegen das Zusammenleben mehrerer Generationen unter einem Dach sprechen.***
3. ***Wie sah die Familienstruktur im 19. Jahrhundert aus?***
4. ***Welche Rolle nahmen die Kinder damals innerhalb der Familie ein?***
5. ***Welches Gebot könnte man aus dem Text ‚Kindespflichten' herauslesen?***

4 Familie

Das 4. Gebot

Das 4. Gebot lautet: ***„Du sollst deinen Vater und deine Mutter ehren, auf dass du lange lebest im Lande, das dir der Herr, Dein Gott geben wird“*** **2. Mose 20, 12**

Dieses Gebot hatte im Volk Israel eine große soziale Bedeutung. Damals gab es keine Pensionen und Renten, keine Lebensversicherungen und keine Altenheime. Das vierte Gebot richtete sich an die erwachsenen Kinder und mahnte sie, ihre Eltern im Alter, auch bei Krankheit und Gebrechlichkeit, in Ehrfurcht und Liebe zu pflegen und zu versorgen.

Was bedeutet das 4. Gebot: „***Ehre deinen Vater und deine Mutter***“ heute?

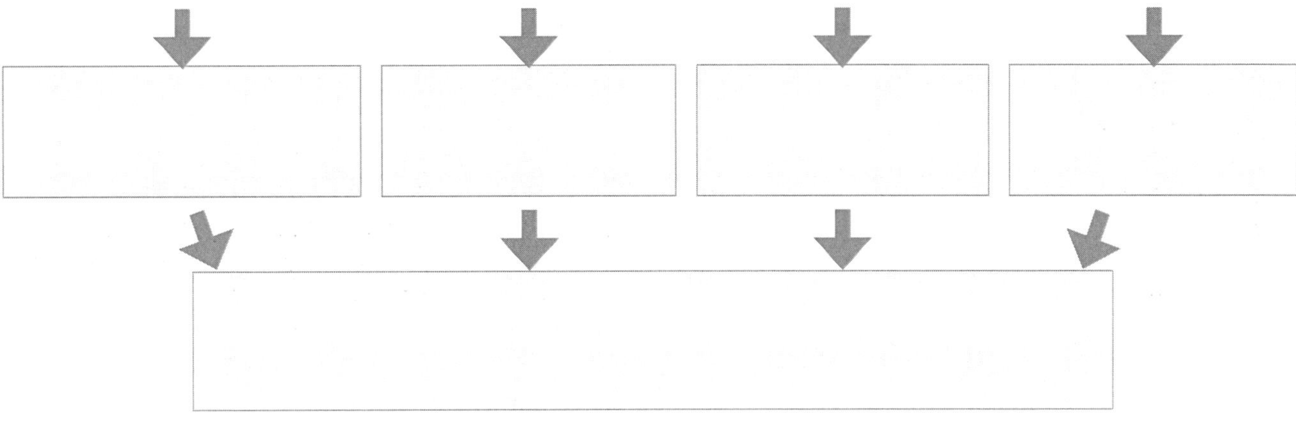

1. ***Was bedeutet das vierte Gebot für dich ganz persönlich?***
2. ***Heutzutage wird das vierte Gebot häufig missachtet. Warum ist dies deiner Meinung nach so?***
3. ***Warum spielt das 4. Gebot gerade in unserer heutigen Zeit eine solch große Rolle?***

Das vierte Gebot in Schönschrift

21 Jugendliche reflektieren über das vierte Gebot. Mit je einem Satz beschreiben sie sehr prägnant und unterschiedlich ihre familiäre Situation.

Sie malten mit der Ornamentfeder in schönen Tuschelettern „Du sollst Vater und Mutter ehren“ in ihr Religionsheft. Jutta dachte: „Wenn die ehrenwert wären“. Steffen dachte: „Naja“. Norbert dachte: „Manchmal sind die gar nicht so übel“. Uta dachte: „Wenn meine Eltern mal Zeit für mich hätten.“ Gregor dachte: „Ehren die mich etwa?“ Katja dachte: „Für meine Probleme haben die nicht die Spur Verständnis.“ Tilman dachte: „Mit Mutter verstehe ich mich eigentlich gut.“ Christine dachte: „Paps ist ´ne Wucht, aber Mutter lässt sich hängen.“ Gerti dachte: „Sie tun mir leid, weil sie sich so abrackern müssen.“ Ulla dachte: „Wenn Papa mal bloß nicht seinen Job verliert.“ Harry dachte: „So ein Unsinn.“ Ekkehard dachte: „Ob sich Vater und Mutter eigentlich noch lieben?“ Theres dachte: „Aber ewig auf mir rumhacken.“ Gerda dachte: „Ehren finde ich Quatsch, aber lieben tu ich sie.“ Christoph dachte: „Aber Vater will immer der Größte sein.“ Linus dachte: „Haben wir jemals ein vernünftiges Wort miteinander geredet?“ Mecki dachte: „Wieso soll ich autoritäre Spießer ehren?“ Severin dachte: „Sie tun alles für mich.“ Petra dachte: „Ich vertrau ihnen, sie halten zu mir.“ Helmut dachte: „Blöde Phrasen.“ Sie waren zu einundzwanzig in der Klasse. Kerstin sagte nichts. Sie weinte.

Jo Pestum

5 Die Frage nach dem Glück

Lehrlinge des Glücks – eine Geschichte

Der Betriebspsychologe Dr. Herbert Lehmann in Stuttgart befragte viertausend Lehrlinge über ihre Vorstellung vom Glück. Und dies waren zusammengefasst die Antworten:

Genügend Geld, eine Frau wie BB, ein Fass Wein, ein schickes Auto, ein paar Koteletts am Tag, ein Fernseher und ein Liegestuhl im Garten. War das nicht das gute, alte Schlaraffenland? Unverkennbar! Schon Tausende von Jahren ist es alt, und immer noch aktuell. Mir schien an dem Test etwas zu fehlen. Ich wollte es genauer wissen. Kurz entschlossen rief ich den Betriebspsychologen an. „Herr Doktor, können Sie mir einige von Ihren Lehrlingen überlassen?" Gern. Wie viele wollen Sie? hundert? „So viele brauche ich nicht. Das wird mir zu teuer. Zehn vielleicht." Gut. Die sind aber sehr anspruchsvoll. Können Sie Ihnen auch was bieten?" Allerbeste. Die Herren werden zufrieden sein. Nun galt es, und ich entfaltete eine emsige Tätigkeit. Ich kaufte einen Herrensitz samt ausgedehntem Parkgelände, geschmiegt an einen Schwarzwaldhang, mit Rheinblick und Fernsicht bis zu den Vogesen. Der Küfer rollte mir zehn Fässer Wein in den Schlosskeller, der Autovertreter karrte mir zehn Luxuswagen in den Schlosshof, der Elektrohändler baute zehn Fernsehtruhen jüngster Bauart in die Gemächer, der Metzger stand bereit mit den zartesten Schweinen und Kälbern, und es kamen auch die zehn Liegestühle, keine billigen Knickebeine, sondern etwas für Herrschaften. Nun fehlten nur noch die Mädchen. Aber auch Mädchen machen heutzutage keine Beschaffungsschwierigkeiten. Gleich zweihundert bot ein Wiener Makler in öffentlichen Inseraten an. Ich flog nach Wien und kam mit zehn Mädchen des gewünschten Baumusters zurück. Alle sahen aus wie BB, einige sogar wie B Quadrat. Kaum hatte ich den Damen ihre Boudoirs im Schlösschen angewiesen, als es draußen vielstimmig hupte. Die jungen Herren waren eingetroffen. Ich zeigte ihnen alles, und es schien ihnen zu gefallen. Dann händigte ich ihnen ein großzügig bemessenes Taschengeld aus und ließ sie allein.

Und sie fingen an mit dem Glück. Zuerst funktionierte der Betrieb ganz paradiesisch. Sie aßen Koteletts, sahen fern und fuhren Auto, einmal an den Vierwaldstätter See und einmal nach Paris. Sie lagen in den Liegestühlen, tranken Wein und unterhielten sich mit den Mädchen. Aber in der vierten Woche kamen Klagen.

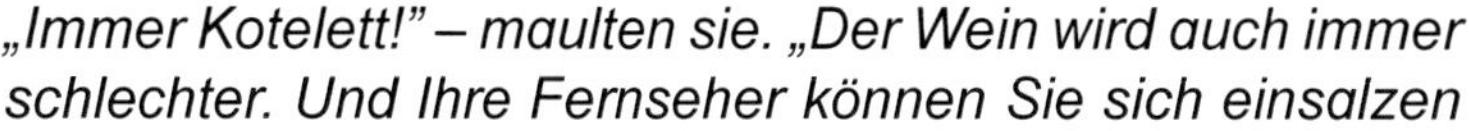

„Immer Kotelett!" – maulten sie. „Der Wein wird auch immer schlechter. Und Ihre Fernseher können Sie sich einsalzen lassen. So ein Quark, was die bringen! Wir wollen einen größeren Anteil am Frauenprodukt. Immer diese doofen BBs mit ihrem Schellfischmaul. Launisch sind sie auch noch. Und immer die alten Karren", murrte einer, „längst überholt!" „Jawohl!", schrien andere, „her mit schickeren Autos und Mädchen, sonst wird gestreikt." Sie sahen mich böse an. „Ein schönes Paradies haben Sie uns eingerichtet!" riefen sie. „Überhaupt nichts los. Eingehen kann man in Ihrem verschimmelten Lunapark. Passiert ja nichts!" An einem der nächsten Tage passierte etwas. Sieben von den zehn Fernsehapparaten hatten sie zertrümmert.

Ich war betroffen. Irgendetwas musste ich falsch gemacht haben ...

Helmut Holthaus

1. ***Warum werden deiner Meinung nach die jungen Leute in dieser Geschichte nicht glücklich?***
2. ***Die Geschichte wurde gekürzt. Erfinde einen Schluss!***
3. ***Wie beurteilst du die Chancen, durch Anpassung an die Prinzipien der Leistungs- und Konsumgesellschaft glücklich zu werden?***

5 Die Frage nach dem Glück

Was ist Glück?

Vor mehr als 2000 Jahren stellte Marcus Terentines Varro, ein gebildeter Römer fest, dass es mindestens 288 verschiedene Lehrmeinungen zum Thema Glück gibt. Das Wort selbst ist erst im 12. Jahrhundert in die deutsche Sprache eingedrungen. Es bezeichnete zunächst den noch offenen Verlauf einer Sache. Für die Griechen und Römer verkörperten weibliche Gottheiten das Glück, so etwa Fortuna, die Glücksgöttin. Im Alten und Neuen Testament treten Vorstellungen vom Glück fast völlig zurück. An die Stelle von Glück treten Heil, Seligkeit, Freude, Reich Gottes, Friede, Gerechtigkeit, Liebe.

Aussagen über das Glück

Glück ist eine Grießsuppe, eine Schlafstelle und keine körperlichen Schmerzen. (Theodor Fontane, Dichter)

Für ein vollständiges Glück braucht es viel. Vor allem – einen Menschen, einen Freund, einen geliebten Menschen, eine Familie. (eine Studentin)

Jeder ist seines Glückes Schmied. (Römisches Sprichwort)

Glücklich ist derjenige, welcher sein Dasein seinem besonderen Charakter und Wollen angemessen hat und so sich selbst genügt. (G. W. F. Hegel, Philosoph)

Glück besteht in der Kunst, sich nicht zu ärgern, dass der Rosenstrauch Dornen trägt, sondern sich zu freuen, dass der Dornenstrauch Rosen trägt. (Arabisches Sprichwort)

Wenn ich meine kranke Mutter versorge, schaut sie mich dankbar an. Dieses Leuchten in ihren Augen macht mich glücklich. (Elke H., Fachoberschülerin)

Glücklich seid ihr, wenn ihr arm seid, ... wenn ihr trauert, wenn ihr nachgebt, wenn ihr hungert und dürstet, wenn ihr barmherzig und gut seid, ... wenn ihr Frieden stiftet untereinander ... (Aus der Bergpredigt)

Das Glück lässt sich nur multiplizieren, indem man es teilt. (Albert Schweitzer)

Wenn du eine Stunde glücklich sein willst, dann betrinke dich. Wenn du drei Tage glücklich sein willst, dann schlachte ein Schwein und iss es auf. Willst du ein Jahr glücklich sein, dann heiratet. Willst du aber ein ganzes Leben glücklich sein, dann befasse dich mit deinem Garten. (Aus China)

Glück ist morgens vom Wecker und nicht von Bomben geweckt zu werden. (Zeitschriftleserin)

Glück ist das höchst Gut. (Immanuel Kant)

Mit dem Glück geht es oft so wie mit der Brille: Man hat es auf der Nase und weiß es nicht. (Redensart)

1. ***Suche dir drei Sätze heraus, die dir am besten gefallen. Begründe warum sie dir gefallen!***
2. ***Welche Glückssymbole kennst du? Erläutere ihre Bedeutung!***
3. ***Zeichne und gestalte eine eigene Glückwunschkarte mit einem eigenen Glücksspruch.***
4. ***Die Glücksforschung beschäftigt sich mit der Erforschung von Glück. Recherche im Internet über die fünf wichtigsten Ergebnisse der Glücksforschung. Stimmst du mit den Ergebnissen überein?***
5. ***Laut dem World Happiness Report wurde im Jahr 2022 Finnland bereits zum fünften Mal in Folge zum glücklichsten Land der Welt erklärt. Überlege dir hierfür Gründe!***

5 Die Frage nach dem Glück

Das Hemd des Glücklichen

Ein König war krank und sagte: „Die Hälfte des Reiches gebe ich dem, der mich gesund macht.“ Da versammelten sich alle Weisen und überlegten, wie man den König gesund machen könne. Doch keiner wusste wie. Nur einer der Weisen sagte, dass es möglich sei, den Herrscher zu heilen. Er meinte: „Man muss einen glücklichen Menschen ausfindig machen, dem das Hemd ausziehen und es dem König anziehen. Dann wird der König gesund.“ Und der König schickte überallhin, dass man in seinem Reich einen glücklichen Mann suche. Aber die Beauftragten fuhren lange im ganzen Reich umher und konnten keinen Glücklichen finden. Nicht einen gab es, der zufrieden war. Wer reich war, war krank; wer gesund und reich war, der hatte eine böse Frau und bei dem und jenem stimmte es mit den Kindern nicht. Über irgendetwas beklagten sich alle. Aber einmal ging der Sohn des Königs spätabends an einer armseligen Hütte vorbei und hörte jemanden sagen: „Gottlob, zu tun gab es heute wieder genug, satt bin ich auch geworden und lege mich nun schlafen. Was brauche ich mehr?“ Der Königssohn freute sich, befahl seinen Dienern, diesem Menschen das Hemd auszuziehen und ihm dafür so viel Geld zu geben, wie er wolle, und das Hemd gleich dem König zu bringen. Die Diener gingen eilends zu dem glücklichen Menschen und wollten ihm das Hemd ausziehen. Aber der Glückliche war so arm, dass er nicht einmal ein Hemd besaß.

Leo Tolstoi

1. ***Was will der russische Schriftsteller Leo Tolstoi mit dieser Geschichte aussagen?***

2. ***Warum war dieser Mann so glücklich?***

3. ***Stell dir vor, du würdest eine Million Euro im Lotto gewinnen. Was würdest du mit dem Geld machen? Überlege dir drei Möglichkeiten.***

4. ***Der Professor für Soziologie und Wohlfahrtsforschung Jan Delhey entwickelte folgende Glücksformel: <u>Haben + Lieben + Sein = Glück</u>.***

   <u>Haben</u> bedeutet das Materielle, Einkommen, Besitz, Auto, Haus etc.
   <u>Lieben</u> sind die sozialen Beziehungen wie z. B. Familie, Freunde, Nachbarn, Arbeitskollegen.
   <u>Sein</u> bedeutet, ob jemand Sinn in seinem Leben und Handeln sieht und Anerkennung erfährt.
   Die Gewichtung dieser drei Aspekte ist individuell und kulturell verschieden, aber es darf kein Aspekt fehlen. Fehlt deiner Ansicht nach noch ein Aspekt?

   Übertrage diese Glücksformel auf dein eigenes Leben.

   <u>Mein eigenes Leben</u>

   Haben = ____________________

   Lieben = ____________________

   Sein = ____________________

5 Die Frage nach dem Glück

Was brauche ich, um glücklich zu sein?

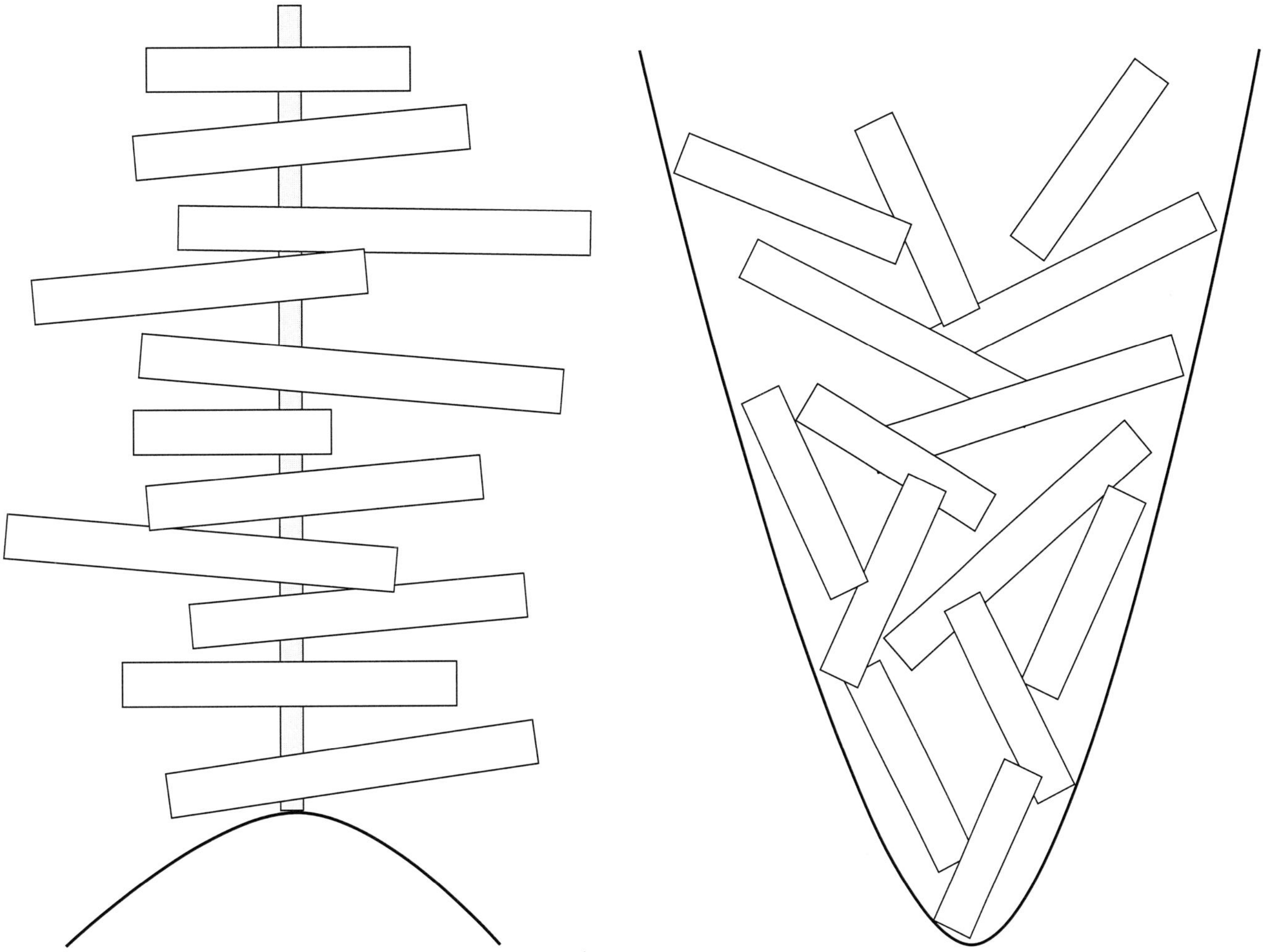

immaterielle Dinge

materielle Dinge

1. ***Trage in die Grafik immaterielle und materielle Dinge ein, die für dich für das Glücklichsein notwendig sind.***
2. ***Was bedeutet es für dich, glücklich zu sein? Was musst du deiner Meinung unternehmen, um diesen Glückszustand zu erreichen?***
3. ***Erstelle eine Rangfolge, was für dein persönliches Glück wichtig, weniger wichtig bzw. unwichtig ist.***
4. ***Welche Bedeutung haben materielle Dinge wie Geld, Haus, Auto, Computer etc. für dein persönliches Glück?***
5. ***Eine Harvard-Studie, die Hunderte Menschen über 75 Jahre durch das Leben begleitet, hat das Geheimnis des Glücklichsein gelüftet. Das Ergebnis dieser Studie lautete: Zwischenmenschliche Beziehungen machen glücklich. Der Zusammenhang zwischen Glück und engen Beziehungen wie z. B. Ehepartner, Familie, Kinder, Freunden etc. hat sich in der Studie als unglaublich stark herausgestellt. Überlege dir hierfür Gründe.***

ARBEITSHEFT ETHIK
Band 3: Dem anderen begegnen – Bestell-Nr. 13 094

5 Die Frage nach dem Glück

Fromme Menschen sind glücklicher

Religiöse Menschen sind glücklicher als andere. Das ist das Ergebnis einer jüngst veröffentlichten Studie vom *Institute for the Impact of Faith in Life* in Großbritannien. Befragt wurden 2000 Briten. Im Vergleich zu nicht Gläubigen berichten religiöse Briten über ein gutes psychisches Wohlbefinden, Lebenszufriedenheit und Optimismus, auch hinsichtlich ihrer persönlichen Zukunft. Sie sind auch der Ansicht, dass sie die Herausforderungen des Lebens besser meistern können.

Wurzeln des Glücks

Lieben und geliebt werden: Das ist die stärkste Sehnsucht des Menschen. Im Schenken und Empfangen von Liebe liegt deshalb die tiefste Erfüllung des Menschseins, das tiefste Glück. Lieben aber lernt das Kind nur durch Geliebt werden. Darum entscheidet sich das Lebensglück eines Menschen weithin in seiner Kinderstube, im Elternhaus. Von einer Kindheit voll Sonne, Liebe und Glück kann man ein ganzes Leben zehren, nicht bloß von der schönen Erinnerung, sondern von der Liebesfähigkeit, die man dort unbewusst erworben hat.

SPUREN IM SAND

Ich träumte eines Nachts, ich ging am Meer entlang mit meinem Herrn. Und es erstand vor meinen Augen, Streiflichtern gleich, mein Leben. Für jeden Abschnitt, wie mir schien, entdeckte ich je ein paar Schritte im Sand; die einen gehörten mir, die anderen meinem Herrn.
Als dann das letzte Bild an uns vorbeigeglitten war, sah ich zurück und stellte fest, dass viele Male nur ein paar Schritte im Sand zu sehen waren. Sie zeichneten die Phasen meines Lebens, die mir am schwersten waren. Das machte mich verwirrt, und fragend wandte ich mich an den Herrn.
„Als ich dir damals alles, was ich hatte, übergab, um dir zu folgen, da sagtest du, du würdest immer bei mir sein. Doch in den tiefsten Nöten meines Lebens sehe ich nur ein Paar Spuren in dem Sand. Warum verließest du mich gerade dann, als ich dich so verzweifelt brauchte?“
Der Herr nahm meine Hand und sagte: „Geliebtes Kind, nie ließ ich dich allein, schon gar nicht in den Zeiten, da du littest und angefochten warst. Wo du nur ein Paar Fußspuren in dem Sand erkennst, da trug ich dich auf meinen Schultern.“

Margarete Fishback Powers

Jesus von Nazareth – der glücklichste Mensch?

„Ich halte Jesus von Nazareth für den glücklichsten Menschen, der je gelebt hat. Ich denke, dass die Kraft seiner Phantasie aus dem Glück heraus verstanden werden muss. Jesus erscheint in den Schilderungen der Evangelien als ein Mensch, der seine Umgebung mit Glück ansteckte, der seine Kraft weitergab, der verschenkte, was er hatte. Von Christus ist zu lernen: Je glücklicher einer ist, umso leichter kann er es loslassen. Seine Hände krampfen sich nicht um das ihm zugefallene Stück Leben. Da er die ganze Seligkeit sein nennt, ist er nicht aufs Festhalten erpicht. Seine Hände können sich öffnen.”

Dorothee Sölle

Warum bezeichnet die Theologin Dorothee Sölle ‚Jesus als den glücklichsten Menschen, der je gelebt hat‘?

5 Die Frage nach dem Glück

Wie Kirchenlehrer Augustinus glücklich wurde

Setze in den Text die unten stehenden Lückenwörter von Seite 30 ein.

Augustinus (354 – 430 n. Chr.) war der größte, originellste und vielseitigste unter den Kirchenvätern. Als bedeutender __ __ __ __ __ __ __ __ der frühen Christenheit hat er die kulturelle und geistige Entwicklung des Abendlandes entscheidend beeinflusst. Sein Wirken ging aber auch weit über den Rahmen der __ __ __ __ __ __ hinaus. Das philosophische und theologische Denken Augustinus ging von den Lebensproblemen aus, die ihn bewegten.

Kirchenvater Augustinus - Gemälde
Fresco of Saint Augustin

Augustinus stammte aus einer kleinbürgerlichen Familie und wurde 354 n. Chr. in der nordafrikanischen Stadt __ __ __ __ __ __ __, in der römischen Provinz Africa geboren. Sein Vater war Landeigentümer und als kleiner __ __ __ __ __ __ __ tätig. Seine Mutter, die fromme Monnica war eine __ __ __ __ __ __ __ __. Sie erzog Augustinus christlich, ließ ihn aber nicht taufen, da die __ __ __ __ __ __ __ __ __ __ __ damals noch nicht üblich war. Augustinus wuchs mit einem Bruder namens __ __ __ __ __ __ __ __ auf und einer Schwester, die später __ __ __ __ __ __ __ __ eines Frauenklosters wurde. Die Familie lebte in sehr bescheidenen Verhältnissen.

Bis 370 besuchte Augustinus Schulen in Tagaste und in der Nachbarstadt __ __ __ __ __ __ __. Er war ein sehr intelligenter, aber unruhiger Schüler, dem alles andere lieber war als das Lernen. Bei seinen Kameraden galt er als __ __ __ __ __ __ __ und Schwätzer.

Als er 371 zum Studium der __ __ __ __ __ __ __ __ nach Karthago ging, schloss er sich einer Gruppe von Studenten an, die sich ‚Umstürzler' nannten. Augustinus führte ein sehr weltoffenes Leben. In seiner Studienzeit erlebte er zahlreiche __ __ __ __ __ __ __ __ __ __ __-__ __ __ __. Nach dem Tod seines Vaters musste er aus finanziellen Gründen sein Studium abbrechen und kehrte nach Hause zurück. In seinen Berichten erzählt er von jugendlichen Ausschweifungen in dieser Zeit. Augustinus ging sehr früh eine Beziehung zu einer Frau ein, ohne dass er sie aber heiratete. Diese Beziehung dauerte an die __ __ __ __ __ __ __ __ Jahre und aus ihr ging ein Sohn namens __ __ __ __ __ __ __ __ __ hervor.

Augustinus befasste sich mit Ciceros Werken, die ihm nach eigenen Aussagen die Liebe zur __ __ __ __ __ __ __-__ __ __ __ näherbrachten. Im Jahr 373 war Augustinus ein Anhänger des Manichäismus, einer Art Offenbarungsreligion, die im Römischen Reich verboten war. Im Laufe der Zeit wandte er sich aber wieder von dieser ab.

Als er sein Studium in __ __ __ __ __ __ __ __ abgeschlossen hatte, machte er beruflich Karriere. Zunächst wurde er Lehrer der Redekunst in Karthago, etwas später Professor der __ __ __ __ __ __ __ __ in Mailand und Rom.

Fresco Augustinus und seine Mutter Monnica

Augustinus erkannte, dass das Streben nach irdischem Ruhm ihn nicht befriedigen konnte. Er suchte nach der __ __ __ __ __ __ __ __, nach dem richtigen Lebensweg.

KOHL VERLAG Lernen mit Erfolg
ARBEITSHEFT ETHIK Band 3: Dem anderen begegnen – Bestell-Nr. 13 094

5 Die Frage nach dem Glück

Augustinus wechselvolles Leben war von der Suche nach Gott geprägt. In seinen Werken bekannte Augustinus immer wieder, dass er durch den _ _ _ _ _ _ _ an Gott zum Glück gefunden hat.

Für die Änderung seines Lebensweges waren die Predigten des Bischofs _ _ _ _ _ _-_ _ _ _ _ _ _ _ _ _ _ _ _ _ entscheidend. Anfangs besuchte er die Predigten nur deshalb, weil der Bischof als guter Redner bekannt war. Doch allmählich beschäftigten ihn auch die Inhalte der Predigten, so dass er sich zum _ _ _ _ _ _ _ _ _ _ _ _ bekehrte. Mit 33 Jahren ließ er sich _ _ _ _ _ _.

Kirchenvater Augustinus beim Schreiben seiner Werke

Augustin gab seine Stelle als Professor auf und wurde Priester und anschließend _ _ _ _ _ _ _. Das Amt als Bischof versah er 34 Jahre. Ohne _ _ _ _ _ _ lebte er mit seinen Priestern in klösterlicher Gemeinschaft. Als Bischof bemühte er sich, den christlichen Glauben zu verbreiten.

Unter Augustinus Feder entstand das umfangreichste _ _ _ _ _ _ _ _ _ _, welches je ein Kirchenvater geschaffen hat. Die Sammlung seiner Schriften umfasst eine Vielzahl von theologischen Büchern, _ _ _ _ _ _ _ und Predigten, die größtenteils bis heute erhalten sind und eine breite Wirkungsgeschichte hervorriefen.

Lückenwörter:

Äbtissin – Redekunst – Wahrheit – Kirche – Besitz – Karthago – Madauros – Theologe – Christentum – Ambrosius von Mailand – Briefe – taufen – Christin – Beamter – Navigius – Bischof – Philosophie – Liebesabenteuer – Tagaste – Kindertaufe – Schrifttum – Rhetorik – Glauben – fünfzehn – Adeodatus – Angeber

Wie fand Kirchenvater Augustinus sein Glück?

5 Die Frage nach dem Glück

Menschen, die glücklich sind

Frau Riehte ist seit 10 Jahren verheiratet und hat vier Kinder. Ihr Mann ist Industriemechaniker und arbeitet in einer Fabrik. Sein Einkommen ist nicht sehr groß. Familie Riehte kann sich kein eigenes Haus leisten, da die Preise in der Stadt zu hoch sind. Sie wohnen in einer älteren Mietwohnung und haben einen kleinen Garten dabei. Frau Riehte wurde gefragt: *„Sind Sie glücklich?"* Sie antwortete ganz spontan:

„Ja, sicher bin ich glücklich. Warum sollte ich es nicht sein? Ich habe eine Familie, für die ich sorgen kann. Wir kommen gut miteinander aus. Probleme, die auftauchen, besprechen wir, und versuchen sie gemeinsam zu lösen. Wir haben genug zu essen. Wir haben eine Wohnung. Mein Mann verdient zwar nicht sehr viel, da er aber zuhause viel mithilft und im Garten arbeitet, reicht es uns. Glück bedeutet für mich, zufrieden sein. Glücklich bin ich, wenn ich merke, wir sind eine echte Familie, die zusammenhält, die sich mag und die auch an andere denkt, denen es schlechter geht als uns!"

Maria, Krankenschwester in einer Dorfgemeinde mit mehreren Stationen! Auf die Frage *„Sind Sie glücklich?"*, antwortet sie:

„Ja, ich glaube, ich bin schon glücklich, obwohl ich noch gar nicht länger darüber nachgedacht habe. Ich setze mich ganz für meinen Beruf ein. Glücklich bin ich besonders dann, wenn ich spüre, wie sich Menschen bei meinen Besuchen freuen. Ich habe einige Patienten, die schon jahrelang im Bett liegen müssen. Wenn ich sie zweimal in der Woche besuche, ihnen ihre Medikamente bringe und mich mit ihnen unterhalte, sind sie richtig froh. Und das macht mich auch glücklich! Ich habe zwar keinen Acht-Stunden-Tag und muss viel herumfahren, aber es lohnt sich! Ich spüre, mein Leben hat einen Sinn. Ich kann für andere da sein! Und das macht mich innerlich froh und glücklich."

Ein alter Mann antwortet auf die Frage nach dem Glück:

„Glück ist für mich,

- *dass ich meine Frau gefunden habe, die 40 Jahre lang mit mir Freude und Leid erlebte und immer treu zu mir hielt.*
- *wenn Menschen einander so annehmen, wie sie sind mit ihren guten und schlechten Eigenschaften.*
- *dass ich gute Freunde hatte, mit denen ich jahrelang in Verbindung stand und mit denen ich alles besprechen konnte.*
- *dass ich drei Kinder habe, die inzwischen erwachsen sind und selbst Verantwortung übernommen haben.*
- *die Gemeinschaft einer Familie, die zueinander hält, einander hilft, alles miteinander bespricht und vor allem Geborgenheit und Liebe ausstrahlt."*

Nenne Gründe, warum diese Menschen glücklich sind.

KOHL VERLAG ARBEITSHEFT ETHIK Band 3: Dem anderen begegnen – Bestell-Nr. 13 094

6 Lösungen

1. Freundschaft

S. 5: Freundschaft – Merkmale und Bedeutung im Laufe der Geschichte

1. Freundschaft ist eine freiwillige Beziehung und bezeichnet ein auf gegenseitiger Zuneigung beruhendes Verhältnis von Menschen zueinander, welches sich durch Sympathie und Vertrauen auszeichnet.
2. Freundschaft in der Literatur
   - Homers Epos: Ilias sind Achilleus und Patroidos treue Freunde, -mittelalterliche Literatur: Gunnar und Sigurd in der Edda, - Hagen und Volker im Nibelungenlied, - Gawain und Erec in der Artus-Epik, - William Shakespeares Komödie ‚Der Kaufmann von Venedig' sind Antonio und Bassanio Freunde, in Shakespeares Tragödie ist Horatio mit Hamlet befreundet.
3. Der griechische Philosoph unterschied drei Arten von Freundschaft
   (1) Freundschaft um des Wesens Willen, (2) Freundschaft um des Nutzen Willens, (3) Freundschaft um der Lust Willen. Für Aristoteles ist Freundschaft wichtiger Bestandteil einer funktionierenden Gesellschaft. Im antiken Griechenland gab es keine öffentlichen Dienste, wie Polizei und Feuerwehr. In diesen Angelegenheiten war man auf Freunde angewiesen.
4. Freundschaft berühmter Freundespaare

   (1) Winnetou und Old Shatterhand: Als Winnetou erkannte, dass Old Shatterhand ein guter Mensch war, schlossen sie sich zusammen. Sie zelebrierten später sogar Blutsbrüderschaft und blieben lebenslang unzertrennlich.

   (2) Johann Wolfgang von Goethe und Friedrich Schiller: Diese beiden großen Dichter verband ein besonderes Verhältnis, das für beide sehr produktiv war. Friedrich Schiller hielt Johann Wolfgang von Goethe für das größte literarische Genie seiner Epoche. Johann Wolfgang von Goethe erkannte, dass Friedrich Schiller womöglich der einzige Dichter ist, der seine Auffassung von Kunst und Literatur verstand.

   (3) Harry Potter, Ron Weasley und Hermine Granger: Diese drei wurden Freunde als sie Schüler in Hogwarts waren. Sie halfen und unterstützen sich gegenseitig im Kampf gegen das Böse. Die Freundschaft wuchs im Laufe der Jahre und blieb auch noch bestehen, als sie ihre eigenen Familien hatten.

   (4) Tom Sawyer und Huckleberry Finn: Sie sind sympathische Jungs, die miteinander Streiche ausheckten und Abenteuer erlebten.

S. 5: Freundschaft: Der kleine Prinz und die Rose

Die Geschichte vom kleinen Prinzen und der Rose will uns sagen, dass Freundschaft und Liebe Verantwortung bedeutet. Der kleine Prinz ist für seine Rose verantwortlich. Mit ihren Dornen kann sie sich nicht schützen, sie ist auf ihn angewiesen.

S. 6: Gespräch über Freundschaft

1. Mindmap zum Thema `Freundschaft´ z. B. bester Freund, Kumpel, Clique, Beziehung, Geborgenheit, Vertrauen, Loyalität, gegenseitiges Verstehen etc.
2. Ähnliche Begriffe: Kameradschaft, Bruderschaft, Solidarität, Bekanntschaft, Liebe etc.
3. Bild zeichnen, Bilder gemeinsam vergleichen und im Anschluss darüber diskutieren.
4. Ideal einer guten Freundschaft:

   Zu einer guten Freundschaft gehört Bedingungslosigkeit: Freunde stellen keine Bedingungen, sondern sind füreinander da, wenn sie gebraucht werden. Weiterhin sind wichtig Ehrlichkeit, Vertrauen, Authentizität, emotionale Nähe, Verständnis, Rücksichtnahme, Sympathie, persönliche Wertschätzung etc.
5. Unterschied Bekanntschaft, Freundschaft, Liebschaft
   (1) Bekanntschaft: Beginn eines Kontaktes oder einer persönlichen Beziehung. Kennzeichen: nur flüchtig, keine engeren Kontakte, meist unfreiwillig, unregelmäßiger Kontakt, entwicklungsfähig, es kann eine Freundschaft oder sogar eine Partnerschaft daraus entstehen.
   (2) Freundschaft: auf gegenseitige Zuneigung beruhendes Verhältnis von Menschen zueinander, welches sich durch Sympathie und Vertrauen auszeichnet. Kennzeichen: freiwilliger Kontakt, füreinander da sein, Ehrlichkeit, Vertrauen, Verständnis, Gemeinsamkeiten, Rücksichtnahme, gegenseitige Sympathie, hält oft lebenslang.
   (3) Liebschaft: emotionales, intimes Verhältnis zwischen zwei Personen. Kennzeichen: Liebe, Mitfühlen, Interesse, Fürsorge, Vertrauen, Bindung, Partnerschaft, Lebensgemeinschaft, Ehe, Seelenverwandtschaft.
6. Eigenschaften:
   - Zeit füreinander haben, - den anderen so akzeptieren, wie er ist, - sich gegenseitig bedingungslos unterstützen, - ehrlich sein, - gegenseitiges Vertrauen, - Kontakt macht mich glücklich
7. Gründe, warum Freundschaften zerbrechen:
   - zu wenig Zeit, die Freundschaft zu pflegen, - man lässt ihn in einer Notsituation hängen, - redet schlecht über ihn/sie, - verrät Geheimnisse, - lügt oder sagt die Unwahrheit, - versucht seinen Ehepartner auszuspannen,
   - eine räumliche Trennung, man zieht in eine andere Stadt oder weiter weg
   Die Beendigung einer Freundschaft geschieht in den meisten Fällen nicht wie bei einer Trennung mit endlosen Aussprachen oder Aufkündigungen, sondern sie werden schleichend beendet, d. h. man kontaktiert den anderen immer seltener.

6 Lösungen

1. Freundschaft

S. 6: **S. 6: Gespräch über Freundschaft**

Wörter, die zu einer echten Freundschaft passen
F wie Freude, Feingefühl, füreinander da sein; R wie Respekt; E wie Ehrlichkeit; U wie Uneigennützigkeit; N wie Nähe; D wie Dankbarkeit; S wie Sympathie; C wie Charakterstärke, Chance; H wie Höflichkeit, Herzlichkeit, Hilfsbereitschaft; A wie Achtung, Aufmerksamkeit; F wie Fairness; T wie Treue

S. 7: **Konflikte – Streit unter Freunden**

1. Carla sagt die Verabredung mit ihrer Freundin Merle ab und gibt als Grund an, dass sie krank wäre.
2. Carla könnte ihr einen Brief schreiben und sich bei Merle entschuldigen. In dem Brief könnte sie darlegen, wie wichtig ihr die Freundschaft mit Merle ist und dass ihr Verhalten Merle gegenüber leid täte.
3. Mindmap zum Thema ‚Konflikte'
4. Definition von Konflikt:
   Der Begriff ‚Konflikt' stammt aus dem Lateinischen ‚confligere' und bedeutet zusammenstoßen. Ein Konflikt ist eine Spannungssituation zwischen zwei oder mehreren Personen, die ihre Ziele und Handlungsabsichten als unvereinbar wahrnehmen. Bei einem Konflikt treffen unterschiedliche Einstellungen, Erwartungen, Interessen und Meinungen aufeinander.
   Bereiche, in denen Konflikte auftreten können:
   Ehe, Familie, Schule, Partnerschaft, Freizeit, Beruf, Freundschaft, Nachbarschaft, Politik etc.
5. Ursachen von Konflikten:
   mangelnde Kommunikation, ungerechte Behandlung, Misstrauen, Überforderung, Kampf um Macht und Einfluss, Ärger, Wut, Stress, unterschiedliche Meinungen und Einstellungen
6. Phasen des Konfliktverlaufs:
   Phase 1: latente Phase: Die Konfliktursachen entstehen durch Ereignisse, die den Konflikt manifest machen.
   Phase 2: Konfliktbewusstsein: Die Konfliktparteien erkennen das Vorhandensein eines Konflikts.
   Phase 3: Handlungsphase: Die Konfliktparteien reagieren durch Denken und Gefühle auf den erlebten Konflikt und beginnen zu handeln.
   Phase 4: Interaktionen: Die Konfliktparteien handeln durch Interaktionen mit Konfliktstrategien wie Nachgeben, Vermeiden, Kompromisse eingehen oder Konflikte kooperativ und problemorientiert lösen.
7. Intrapersonelle Konflikte sind solche, die eine Person mit sich selbst hat. Häufig geht es dabei um Entscheidungen, die wir treffen z. B. welches Wahlfach ein Schüler wählt.
   Interpersonelle Konflikte werden zwischen verschiedenen Personen ausgetragen z. B. wer übernimmt in der Schule den Tafeldienst.
8. Möglichkeiten der Konfliktbewältigung:
   - ruhig bleiben und sich in die Person des anderen versetzen, - mit den Betreffenden über den Konflikt reden und seine Sichtweise darstellen, - tief durchatmen, - Yoga und andere Entspannungstechniken anwenden,
   - sich ablenken mit Hobbys oder Sport treiben, - den anderen nicht beschimpfen, keine Vorwürfe machen,
   - über die eigenen Gefühle reden, - Ich-Botschaften senden, - sich eine Lösung des Konflikts überlegen

S. 7: **Harry Potter – Streit um das Trimagische Turnier**

1. Zu einem Streit zwischen Harry und Ron kam es aufgrund des Trimagischen Turnieres. Beide wollten daran teilnehmen, waren aber zu jung. Als Harry auf seltsame Weise Teilnehmer im Trimagischen Turnier wurde, wandte sich Ron aus Neid von ihm ab.
2. Hermine versucht den Streit zwischen Ron und Harry zu schlichten. Der Streit wird jedoch erst von den beiden beendet, nachdem Harry die erste Prüfung des Turniers absolviert hat, bei dem die Teilnehmer einem Drachen ein goldenes Ei entwenden, welches Hinweise zur Lösung der zweiten Aufgabe gibt. Ron entschuldigt sich daraufhin bei Harry.

S. 8: **Vermeidung von Konflikten – Das Eisbergmodell**

Sichtbare Teile eines Eisberges: Körpersprache, Worte, Fakten, Informationen
Unsichtbare Teile eines Eisberges: Ängste, Gefühle, Erfahrungen, Triebe, Instinkte, Traumata, Vorgeschichte, Selbstwertgefühl, Absichten, Stimmungen, Emotionen, Vorstellungen, Bedürfnisse, Antriebe, Werte, Emotionen

S. 8: **Umgang mit Konflikten in der Schule – Streitschlichter**

1. Gründe, warum Streitschlichter an Schulen so wichtig sind:
   Konflikte nehmen an den Schulen vermehrt zu. Deshalb ist es wichtig, dass es an Schulen Streitschlichter gibt, die den Konfliktparteien helfen, eine gemeinsame Lösung zu finden, mit denen beide Parteien einverstanden sind.
2. Oftmals fällt es Schülern/innen leichter, sich an andere Kinder bzw. Jugendliche zu wenden als an Lehrkräfte. Sie stehen oft auf gleicher Ebene und können sich besser in die betreffenden Schüler/innen hineinversetzen. Oftmals bemerken sie Streit und Konflikte in der Regel auch eher als Lehrkräfte und können besser darauf reagieren. Dadurch werden Unterrichtsstörungen reduziert und die Lehrer entlastet.

ARBEITSHEFT ETHIK
Band 3: Dem anderen begegnen – Bestell-Nr. 13 094
KOHL VERLAG

Lösungen

1. Freundschaft

S. 8: **Umgang mit Konflikten in der Schule – Streitschlichter**

3. Eigenschaften von Streitschlichtern:
- Empathie (Einfühlungsvermögen), - psychische Stabilität, - Verschwiegenheit, - Verantwortungsbewusstsein, - Mut, - Durchsetzungsfähigkeit, - Freundlichkeit, - unparteiisch, - vertrauensvoll, - gutes Sozialverhalten und Kommunikationsfähigkeit etc.

4. Verlauf einer Streitschlichtung an Schulen:
Schritt 1: Vertrauen herstellen. Zuerst wird geklärt, wie man im Schlichtungsgespräch miteinander umgeht z. B. jeden ausreden lassen, gemeinsam nach einer Lösung suchen.
Schritt 2: Standpunkte im Streit klären. Jede Partei erzählt dem Streitschlichter seine Sichtweise.
Schritt 3: Motive und Gefühle klären. Es wird geklärt, warum etwas schlimm für den anderen ist, welche Gefühle und Motive dahinterstecken.
Schritt 4: Lösungen suchen. Es wird nach einer Lösung gesucht, die von beiden Seiten angenommen werden kann.
Schritt 5: Vereinbarung treffen. Die Lösung wird aufgeschrieben in einem Vertrag, der für beide Parteien verbindlich ist.

5. Regeln für eine erfolgreiche Streitschlichtung an Schulen:
- Streitschlichter lassen jeden aussprechen, - Schimpfwörter und Vorwürfe sind verboten, - Streitschlichter sind immer neutral. Sie halten nicht zu einem Streitenden, - Das Gespräch ist vertraulich. Die Streitschlichter dürfen niemanden von dem Streit und der Schlichtung erzählen. Nur bei Androhung von Gewalt sollten Lehrer und Eltern miteinbezogen werden.

S. 9: **Leben in Gruppen**

1. Definition von Gruppe:
Unter einer Gruppe versteht man mindestens drei Personen, die über einen längeren Zeitraum ein gemeinsames Ziel verfolgen, in einem andauernden Austausch miteinander stehen und dabei ein Zusammengehörigkeitsgefühl entwickeln.
Merkmale von Gruppen:
- dauerhafte soziale Beziehungen zwischen den Mitgliedern, - häufiger und regelmäßiger Kontakt der Mitglieder untereinander, - verfolgen gemeinsame Ziele, Werte und Interessen, - entwickeln im Laufe der Zeit ein ‚Wir-Bewusstsein' (Gruppensolidarität)

2. Arten von Gruppen und ihre Kennzeichen:
Großgruppen: Kennzeichen: keine persönlichen Bindungen, starker Organisationsgrad z. B. Arbeitnehmer in einem großen Unternehmen
Kleingruppen: Kennzeichen: starkes Wir-Bewusstsein, persönliche Bekanntschaft z. B. Schulklasse
Primärgruppen: Kennzeichen: wenige Mitglieder, intensive Interaktion wie z. B. eine Familie
Sekundärgruppen: Kennzeichen: zahlreiche Mitglieder, wenig Interaktion wie z. B. Sportverein
homogene Gruppen: Kennzeichen: Gruppen, die sich ähnlich sind oder über gleiche Merkmale wie Alter oder Geschlecht verfügen wie z. B. Seniorenkreis
heterogene Gruppen: Kennzeichen: Interessen, Alter oder Geschlecht der Mitglieder sind unterschiedlich wie z. B. eine Volkshochschulgruppe
Mitgliedsgruppen: Kennzeichen: Gruppen, denen man selbst angehört wie z. B. Sportverein,
Fremdgruppen: Kennzeichen: außenstehende Gruppen, denen die Person nicht angehört wie z. B. Chor

3. Bedeutung von Gruppen:
Gruppen sind wichtig, da sie verschiedene Funktionen für die Mitglieder erfüllen. Sie vermitteln ein Gefühl der sozialen Einbindung und Unterstützung durch andere. Man tauscht sich innerhalb der Gruppe untereinander aus. Gruppen können für die Versorgung mit materiellen und sozialen Gütern von Bedeutung sein.

4. Gruppenphasen nach Bernstein und Lowy:
(1) Die Orientierungs- und Kennenlernphase, (2) Die Macht- und Auseinandersetzungsphase, (3) Die Vertrautheitsphase, (4) Die Abgrenzungsphase, (5) Die Abschlussphase

5. Rollen innerhalb einer Gruppe:
(1) Der Anführer: - hält die Gruppe zusammen, - bestimmt die Tätigkeiten, - ist Mittelpunkt der Gruppe.
(2) Der Mitläufer: - ist ein stiller Zuhörer/Beobachter, - orientiert sich an den anderen.
(3) Der Außenseiter: - steht häufig abseits der Gruppe, - nimmt wenig am Gruppenprozess teil.
(4) Der Ideengeber: - plant Unternehmungen, - Beraterfunktion innerhalb einer Gruppe.
(5) Der Vermittler: - vermittelt bei Problemen und Streitigkeiten.
(6) Der Spaßmacher: - sorgt für Spaß innerhalb der Gruppe.

6. Mindmap erstellen zum Thema ‚Gruppe'

7. Regeln innerhalb einer Schulklasse:
- zuhören, wenn jemand spricht, - nicht schwätzen, - den anderen ausreden lassen, - sich gegenseitig helfen, - für Ordnung im Klassenzimmer sorgen, - pünktlich zum Unterricht erscheinen, - sich melden, wenn man einen Unterrichtsbeitrag erbringen will, - Hausaufgaben erledigen, - rücksichtsvoller Umgang mit anderen, - auf eigenes und fremdes Eigentum achten, - Müll richtig entsorgen etc.

6 Lösungen

1. Freundschaft

S. 9: **Leben in Gruppen**

8. - sauberes Trinkwasser, - einen Schlafplatz suchen oder bauen aus Holz oder großen Blättern, - Nahrungsmittel wie essbare Früchte, Fische, Tiere, Insekten, - aus harten Steinen kann man Klingen schlagen, die man als Messer, Axt oder Skalpell benutzen kann, - Holz zum Anschüren eines Feuers, durch Reibung verschiedenartiger trockener Hölzer kann Feuer erzeugt werden.
9. Ein guter Anführer sollte folgende Fähigkeiten aufweisen:
   Empathie, Begeisterungsfähigkeit, Verantwortungsbewusstsein, Delegationsfähigkeit, Selbstbewusstsein, Kommunikationsstärke, Menschenkenntnis, Überzeugungskraft, Lebenserfahrung, Optimismus, Verständnis etc.
10. individuelle Schülerantworten

2. Liebe

S. 10: **Liebesgedichte**

1. Die Liebe wird als ein beglückendes Geschenk, als ein Gewinn betrachtet. Die Angst vor dem Verlust ist bei vielen Menschen damit verbunden. Das Glücksgefühl der Liebe macht die meisten Menschen empfänglicher für Empfindungen aller Art. Liebe ist eine außergewöhnliche Nähe zwischen zwei Menschen. Ein Zweifel an der Liebe ist schmerzhaft.
2. Liebe ist in Friedrich von Schillers Gedicht `Schön wie ein Engel´ eine rauschhafte Aufwärtsbewegung in die Unendlichkeit, ein paradiesisches himmlisches Entzücken. In ihr verschwinden Gegensätze (z. B. zwischen Wut und Entzücken, Himmel und Erde) Subjekt und Objekt sind nicht mehr klar zu unterscheiden (zwo Flammen sich ergreifen, Seele rann in Seele); dieses Verschwinden von Subjekt und Objekt finden sich auch in Schillers Satzbau wieder.
3. Ausdrücklich wird die Einmaligkeit in der Beschreibung ´schön vor allen Jünglingen´ behauptet. Der Blick des Geliebten ist ‚himmlisch mild', ‚wie Maiensonne', die Herzen klopfen ‚mächtig feurig' aneinander, die Küsse sind ‚paradiesisch'. Einmalig ist die Liebe aber vor allem, weil sich in ihr zwei Gleiche treffen ‚Herz an Herz', ‚zwo Flammen', ‚Harfentöne in einander', ‚Geist an Geist' und in himmelvoller Harmonie verschmelzen.
4. In dem Liebesgedicht ‚Nähe des Geliebten' von Wolfgang von Goethe richtet sich eine weibliche Person an ihren Geliebten. Sie beschreibt darin verschiedene Situationen, in denen sie an ihn denkt. So kommen Anaphern vor, die die Gedanken des lyrischen Ichs und dessen Sehnsüchte verdeutlichen: ‚Ich denke dein', ‚Ich sehe dich', ‚Ich höre dich', ‚Ich bin bei dir'.
5. Das Gedicht von Heinrich Heine ‚Wenn ich bei meiner Liebsten bin' handelt von der Intensität und den Empfindungen, die das lyrische Ich in Bezug auf seine Liebe erlebt. Es vermittelt den Eindruck der bitteren Süße und des Kontrastes zwischen Fülle und Mangel, je nachdem, ob das lyrische Ich bei seiner Liebsten ist oder nicht. Die Anwesenheit der Geliebten wird mit dem Gefühl des Reichtums und der Fülle assoziiert, so dass das lyrische Ich die ganze Welt zum Kauf anbietet. In seinem Gedicht beschreibt Heinrich Heine, dass er reich beschenkt ist und die Welt ihm offen steht, solange das lyrische Ich bei seiner Geliebten ist. Ihre Abwesenheit lässt das Ich bettelarm erscheinen. Die Worte, die Heinrich Heine benutzt sind unkompliziert, aber stark in der bildlichen Darstellung. Das Gedicht zeigt in seiner Schlichtheit und Klarheit die Kraft der Liebe und wie sie die Realität des lyrischen Ichs verändert.

S. 11: **Die Liebe und ihre Ausdrucksformen**

1. Viele Menschen sehnen sich nach einer langen, erfüllten Beziehung, wenn nicht sogar nach der ewigen Liebe. Die ewige Liebe ist die Sehnsucht vieler Menschen. Darunter versteht man eine Beziehung, die lebenslang hält, in der man Vertrauen und Geborgenheit erfährt und das Gefühl bedingungslos geliebt zu werden.
2. Gründe, warum die Liebe Künstler zur Erschaffung von Kunstwerken inspiriert:
   - Liebe ist das Grundthema des menschlichen Lebens.
   - Liebe kann man in den unterschiedlichsten Formen und Varianten darstellen.
   - Viele Künstler stellten ihre eigene Form von Liebe in ihren Werken dar.
   - Künstlerische Werke zum Thema ‚Liebe' erzielen hohe Verkaufswerte.
   - Die zahlreichen Frauen z. B. bei Picasso waren `Musen´ für ihn, um immer wieder neue, vielfältige und faszinierende Kunstwerke zu erschaffen.
3. Arten der Liebe: Selbstliebe, Partnerliebe, familiäre Liebe, Nächstenliebe, Naturliebe, Tierliebe, Geschwisterliebe, Vaterlandsliebe.
4. Formen der Liebe:
   ‚Eros' bezeichnet die sinnlich-erotische Liebe, das Begehren des geliebten Objekts, den Wunsch nach Geliebtwerden, die Leidenschaft, die Faszination, Schwärmerei, Begehren, Verlangen, aber auch nach Platon die begeisterte Liebe, die auf ein höheres Ziel gerichtet werden soll. Diese Form der Liebe entwickelte sich ab der Zeit der Romantik, im 19. Jahrhundert.

ARBEITSHEFT ETHIK
Band 3: Dem anderen begegnen – Bestell-Nr. 13 094

2. Liebe

S. 11: Die Liebe und ihre Ausdrucksformen

4. Formen der Liebe:
   ‚Philia' bezeichnet die freundschaftliche Liebe. Es handelt sich dabei um eine frei gewählte Beziehung, die auf Dauer und Gegenseitigkeit angelegt ist und das Gegenüber als Person schätzt.
   ‚Agape' ist die selbstlose und fördernde Liebe, aber auch die Nächsten- und Feindesliebe. Es beinhaltet eine besondere Form der Hingabe, Fürsorge für eine andere Person.
5. Symbole der Liebe:
   - Herz: ist das Symbol als Zentrum der Emotionen, besonders der romantischen Liebe.
   - Claddagh-Ring: ist ein traditioneller irischer Ring, der für Liebe, Loyalität und Freundschaft steht.
   - Amor: wird oft dargestellt als Mann mit Pfeil und Bogen, der auf Götter und Menschen zielt, wodurch diese sich verlieben.
   - Rote Rose: für die alten Griechen war sie das Wahrzeichen der Schönheit der Aphrodite. Nach einer alten Legende wuchs die rote Rose aus dem Blut des Gottes Adonis.
   - Schwan: er symbolisiert Freiheit, Gemeinschaft, Loyalität, Liebe und Treue. Nach englischer und keltischer Tradition ist der Schwan ein mächtiges Tier und wird mit den Göttinnen des Heilwassers in Verbindung gebracht.
6. Bedeutende Liebespaare der Weltliteratur:
   - Romeo und Julia, - Tristan und Isolde, - Troilus und Cressida, - Daphnis und Chloe, - Venus und Adonis etc.

S. 12: Unerwiderte Liebe – ein Fallbeispiel

1. Als Klara ihre beste Freundin und ihren Schwarm Florian Hand in Hand in der Stadt sieht, bekommt sie einen Stich ins Herz. Sie ist maßlos enttäuscht, dass sie ihre beste Freundin so hintergeht. Alle ihre Hoffnungen schwinden und sie empfindet nur noch Wut, aber auch Selbstzweifel.
2. Unerwiderte Liebe bedeutet, man hegt Gefühle für eine betreffende Person, die diese aber nicht erwidert. Man fühlt sich zu einem Menschen hingezogen, aber derjenige weist einen ab.
3. Eine unerwiderte Liebe macht nicht nur traurig, sondern sie kann krank machen und eine schwerwiegende Depression auslösen.
4. Unerwiderte Liebe tut weh, weil Gefühle mit im Spiel sind. Man hat sich eine glückliche Beziehung mit demjenigen vorgestellt, die nicht realisiert wird. Viele nehmen diese Zurückweisung auch persönlich.
5. An einer unerwiderten Liebe festzuhalten ist aussichtslos. Der beste Ausweg ist Loslassen. Dabei sollte man die betreffende Person meiden und auf Abstand gehen. Man sollte sich mit anderen Dingen beschäftigen, die einen Freude machen und die Abweisung auf keinen Fall persönlich nehmen.

S. 12: Unerwiderte Liebe – Gedicht von Heinrich Heine

1. In dem Gedicht von Heinrich Heine ‚Ein Jüngling liebt ein Mädchen' geht es um einen Jungen, der in ein Mädchen verliebt ist. Das Mädchen erwidert die Liebe nicht, denn es ist unglücklich in einen anderen verliebt. Dieser Mann ging eine Verbindung zu einer anderen Frau ein. Aus Trotz und Ärger heiratet das Mädchen den ersten besten Mann, der ihr über den Weg läuft und bereitet dem Jungen Liebeskummer.
2. Vers 9 und 10 des Gedichts: ‚Es ist eine alte Geschichte, doch bleibt sie immer neu'? besagt, dass es eine typische Geschichte ist, die sich immer wieder und unabhängig vom Zeitalter wiederholt. Die Geschichte, die Heinrich Heine in seinem Gedicht erzählt passiert in der Vergangenheit, sie kann aber genauso gut in der Gegenwart oder in der Zukunft passieren.
3. Folgen unerwiderter Liebe:
   Die Betreffenden fühlen sich häufig gedemütigt, ihr Selbstwertgefühl leidet, sie führen ihre Ablehnung oft auf angebliche fehlende Attraktivität zurück. Liebeskummer kann sehr lange dauern und lässt sich mit Entzugserscheinungen vergleichen.
4. Maßnahmen gegen Liebeskummer:
   - die Gefühle zulassen und akzeptieren, - den Betreffenden meiden, auf Abstand gehen, - alte Erinnerungsstücke wie z. B. Bilder entsorgen, - mit jemanden darüber reden, - Tagebuch schreiben, - vom Liebeskummer ablenken z. B. durch ein Hobby, eine schöne Reise, etc., - sich etwas Gutes tun, - sein eigenes Selbstwertgefühl steigern, - sich mit Freunden treffen, - professionelle Hilfe in Anspruch nehmen.

3. Partnerschaft – Ehe

S. 13: Ehe ohne Trauschein

1. Individuelle Lösungen. Beispiellösung: Eine Ehe ohne Trauschein nur für kurze Zeit und am Anfang einer Beziehung ist denkbar, um sich auszuprobieren, sich im Alltag kennenzulernen und festzustellen, ob man zueinander passt. Viele spätere Scheidungen könnten so verhindert werden.

3. Partnerschaft – Ehe

S. 13: Ehe ohne Trauschein

2. Ehe ohne Trauschein – pro & contra:

Argumente für Ehe **ohne** Trauschein	Argumente für Ehe **mit** Trauschein
• Gefühl von Freiheit und Ungebundenheit • keine Scheidungskosten • größeres Bemühen um den Partner • Trennung vom Partner ist leichter • Es ist leichter, das Zusammenleben mit einem Partner ‚auszuprobieren'.	• mehr Verlässlichkeit • bessere Steuerklasse • mehr soziale Anerkennung • mehr Geborgenheit für die Kinder • bei ernsten Konflikten wird nicht so leicht an eine Trennung gedacht • bessere finanzielle Absicherung der Frau im Falle einer Scheidung

3. Rechtliche Situation eheähnlicher Gemeinschaften:
Für nicht eheliche Lebensgemeinschaften gibt es kein Gesetz, welches das Zusammenleben oder die Trennung eines Paares regelt. Eine Vorsorgevollmacht für Unverheiratete wäre wichtig, um im Notfall Entscheidungen treffen zu können. Da nichteheliche Lebenspartner nach dem Gesetz nicht erben, ist es wichtig, ein Testament oder einen Erbvertrag zu erstellen, um sich finanziell abzusichern.
4. Änderungen des Staates bzgl. eheähnlicher Gemeinschaften:
z. B. - Unterhaltszahlungen bei Trennung an den Partner, - nicht eheliche Partner in der Erbfolge berücksichtigen, - bei gemeinsamen Kindern sollten beide Partner das Sorgerecht haben etc.
5. Tatjana hätte den Mietvertrag unterschreiben sollen. Ist der Mietvertrag nur von einem Partner unterschrieben worden, steht der andere Partner in Bezug auf die Wohnung fast rechtlos dar. Im Falle der Trennung hat derjenige kein Recht auf die Wohnung und kann mit kurzer Frist gekündigt werden.

S. 14: Vorstellungen über die Ehe

1. Die Ehe ist wie ein Baum, der immer wieder neue Blätter hervorbringt, - eine gegenseitige Entwicklungshilfe, - ein Paradies auf Erden, - Farben, die zusammentreffen, - ein Hafen im Sturm.
2. Ehe sollte weder ein lebenslanger Boxkampf, noch ein Krieg ohne Anfang und Ende sein, falls dies der Fall ist, sollte man sich trennen.
3. Hinter diesen Vergleichen stecken positive und negative Erfahrungen mit der Ehe.

S. 14: Ehe in der Krise – Scheidung ein Ausweg?

1. Klaus und Elke haben sich im Laufe der Zeit auseinandergelebt. Elke hat sich nur noch um ihren Beruf und ihre beiden Söhne gekümmert. Klaus fühlte sich nicht mehr beachtet. Die beiden haben auch nichts mehr gemeinsam unternommen. Man hätte viel früher miteinander reden sollen und versuchen die Situation zu verändern.
2. Ursachen für Krisen in einer Ehe:
- fehlende Kommunikation, - Meinungsverschiedenheiten, - fehlendes Verständnis für den anderen, - keine Zärtlichkeiten, - negative Veränderung der Persönlichkeit des Partners, - fehlende gemeinsame Interessen und Aktivitäten.
3. Klaus und Elke sollten eine Eheberatungsstelle aufsuchen und sich professionelle Hilfe holen, vor allem sollten sie lernen miteinander offen zu kommunizieren und lernen auf ihre gegenseitigen Bedürfnisse einzugehen.

4. Familie

S. 15: Das Ausgleichskind

1. Definition von Familie:
Familie ist eine Gruppe von Menschen, die zusammengehören entweder durch biologische Verwandtschaft, Ehe oder Adoption oder frei gewählt. Kennzeichnend für eine Familie ist das Zusammenleben von mindestens zwei Generationen. Im westlichen Kulturkreis wird unter Familie die sogenannte Kernfamilie verstanden, d. h. Eltern, aber auch Alleinerziehende mit Kindern.

Vielfalt heutiger Familienformen:
(1) Klein- bzw. Kernfamilie: Vater, Mutter und Kind/er
(2) Patchworkfamilie: mindestens ein Elternteil hat ein Kind aus einer früheren Beziehung in die neue Familie miteingebracht.
(3) Einelternfamilie bzw. Alleinerziehende: ein Elternteil mit Kind/ern
(4) Großfamilie: drei Generationen: Großeltern, Eltern und Kinder, aber auch Mehrkinderfamilien
(5) Pflege/Adoptionsfamilie: Pflege- bzw. Adoptionskinder leben in der Familie
(6) Regenbogenfamilie: Zusammenleben eines gleichgeschlechtlichen Paares mit Kind/ern

ARBEITSHEFT ETHIK Band 3: Dem anderen begegnen – Bestell-Nr. 13 094

4. Familie

S. 15: Das Ausgleichskind

2. individuelle Schülerantworten
3. Ein Ausgleichskind soll das ausgleichen, was in der Familie fehlschlug. Je schiefer der Haussegen hängt, desto mehr muss beim Ausgleichskind alles perfekt laufen. Das Ausgleichskind soll der Trost der Familie sein in schwierigen Tagen, die Sonne bei Kummer und Regen. Es soll so genial sein, dass die Familie über vieles Negative hinwegsehen kann. Damit ist eine hohe Anforderung an das Kind verbunden, der es nur schwer gerecht werden kann.
4. Zu einer vollständigen Familie gehören drei Personen (Vater, Mutter, Kind), die zueinander in einer Eltern-Kind-Beziehung stehen.
5. Aufgaben der Familie:

   - Erziehung der Kinder, - für die noch unselbständigen Kinder sorgen (Nahrung, Kleidung, Wohnung, ihnen zur Seite stehen), - Verantwortung und finanzielle Mehrbelastung auf sich zu nehmen, - Vermittlung von Vertrauen, Geborgenheit und Sicherheit, - Befriedigung der Bedürfnisse nach Schutz und Schonraum, - gemeinsame Freizeitgestaltung, - Erlernen von sozialen Rollen.
6. Rollen in der Familie: Vater, Mutter, Kind, Geschwister, Großeltern etc.
7. individuelle Schülerantworten
8. Eine Leihoma oder ein Leihopa kann die Familie unterstützen bei der Betreuung der Kinder, wenn z. B. beide Eltern berufstätig sind.

   Eigenschaften von Leihomas bzw. Leihopas:

   - gut zuhören können, - auf die Bedürfnisse der Kinder eingehen, - Zuverlässigkeit, - zeitliche Flexibilität, - körperliche und geistige Fitness, - Erfahrungen im Umgang mit Kindern.
9.

Vorteile von Leihomas bzw. Leihopas	Nachteile von Leihomas bzw. Leihopas
- können oft kurzfristig und spontan einspringen, - viele Kinder wachsen heutzutage ohne Großeltern auf, - sorgt für eine Begegnung zwischen den Generationen, - Eltern und Kinder profitieren davon, wenn Kinder gut betreut sind, - oft entwickeln sich langjährige Freundschaften zwischen der Familie und der Leihoma bzw. dem Leihopa, - haben eine Menge Lebenserfahrung und können diese an die Kinder weitergeben	- können Probleme auftreten zu den leiblichen Großeltern: Eifersucht, Neid - sind nur ‚geborgte' Großeltern, - Kinder verstehen sich nicht mit den Leihomas bzw. Leihopas, - individuelle Erwartungen und Vorstellungen werden nicht erfüllt, - unterschiedliche Ansichten in Erziehungsfragen kann zu Problemen führen

S. 15: Familienfeiern

1. Falko Löffler findet es schwierig, dass sich viele Familienmitglieder nichts mehr zu sagen haben. Sie müssen aber aus Pflichtgefühl bei Familienfesten zusammenkommen.
2. individuelle Schülerantworten
3. Ratschläge für gelungene Familienfeiern:
   - rechtzeitige Planung, - Festlegung des Ortes, an dem die Familienfeier stattfinden soll, - Essenswünsche mit den Familienmitgliedern abklären, - Familienfeier stilvoll dekorieren, Blumen, Kerzen, schönes Geschirr und Besteck, - passende Hintergrundmusik, - Sitzplatzkärtchen, - Freunde fragen, ob sie bei der Vorbereitung mithelfen

S. 16: Die Bedeutung der Familie

Gründe, warum jede zweite Ehe in Deutschland geschieden wird:
- die Paare haben sich auseinandergelebt, - mangelnde Treue, - Gewalt in der Ehe, - unterschiedliche Interessen und Vorstellungen vom gemeinsamen Leben, - Alkohol- und Drogenmissbrauch eines Ehepartners, - Schulden, - keinen Respekt mehr voreinander.

S. 17: Die Groß- und Kleinfamilie

1. Das Bild zeigt eine typische Großfamilie beim gemeinsamen Abendessen. Es sind insgesamt vierzehn Personen um den runden Tisch versammelt, davon sechs Erwachsene und acht Kinder.
2. Das Bild entspricht heutzutage nicht mehr dem Familienbild. Die Kinderzahl beschränkt sich auf ein bis zwei Kinder. Auch die Großeltern leben meistens nicht mehr bei ihren Kindern, wie es früher oft der Fall war, sondern vermehrt alleine oder in Alten- und Pflegeheimen.
3. individuelle Schülerantwort

6 Lösungen

4. Familie

S. 17: **Die Groß- und Kleinfamilie**

4. Vor- und Nachteile einer Großfamilie auf die Entwicklung der Kinder:

   Vorteile:
   - Die Kinder haben mehr Möglichkeiten, im Umgang mit Erwachsenen Sozialverhalten einzuüben.
   - Die Kinder haben mehr konstante Bezugspersonen und damit bessere Lernmöglichkeiten.
   - In dem Maß, wie die Großeltern Betreuungsaufgaben und Arbeiten im Haushalt übernehmen, haben die Eltern mehr Raum für Aktivitäten in Freizeit und Beruf.

   Nachteile:
   - Die Großeltern mischen sich mit ihren von den Eltern z. T. stark abweichenden Wert- und Normvorstellungen in die Erziehung der Kinder ein, was zu Konflikten führen kann.
   - Bei einem Umzug, v. a. innerhalb einer Großstadt, wird es schwierig, geeignete Räumlichkeiten zu finden.
   - Wenn die Großeltern im fortgeschrittenen Alter pflegebedürftig sind, werden Eltern und Kinder z. T. erheblich beansprucht mit Pflegemaßnahmen. Das kann dazu führen, dass Kinder mit ihren Bedürfnissen in den Hintergrund geraten.

5. Wortwolke zum Thema `Familie:
   z.B.: Spaß; Schutz; Freude; gemeinsame Freizeit; Verantwortung; Unterstützung; Opa; Liebe; Vater, Mutter; Oma; Familie; Geschwister; Onkel, Tante; füreinander da sein; Cousin, Cousine; Rückhalt; Zusammenhalt; Kompromisse eingehen; Spannungen aushalten; Wachstum; Rücksichtnahme; Zuhause sein; Streit; Entwicklung; Beisammensein; Zuwendung; Konflikte; Verbundenheit; Hausgemeinschaft; Ungerechtigkeiten

S. 18: **Unser Familienhaus**

Tugenden:
Geborgenheit, Liebe, Schutz, Vertrauen, Ehrlichkeit, Zuwendung, Wir-Gefühl, Versorgung, gegenseitige Hilfe und Unterstützung, Anerkennung, Respekt, Wertschätzung, Toleranz, Mitgefühl, Empathie, Verständnis, Pflege etc.

S. 19: **Familie pro & contra**

Familie	
Positives	**Negatives**
Gemeinschaft	Aggressionen und Gewalt
Liebe und Zuneigung	Trennung und Scheidung
Vertrauen und Verlässlichkeit	Kindesmisshandlung und -missbrauch
gegenseitige Hilfe	Streit und Konflikte
Wärme und Geborgenheit	Geschwisterrivalität
Pflege und Fürsorge	Gefahr sozialer Verarmung

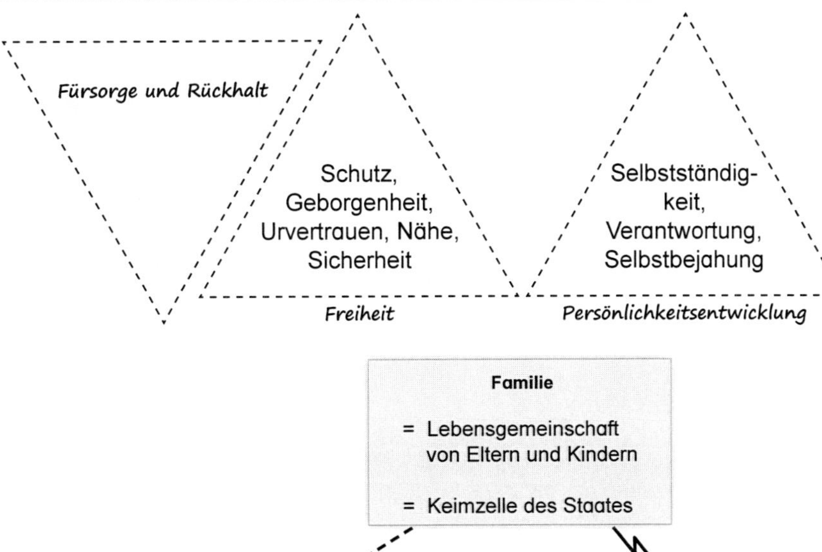

erfordert Verpflichtungen u. Regeln
- Aufgabenverteilung
- nicht nur Rechte, sondern auch Pflichten
- Verantwortung der Eltern
- Autorität der Eltern
- Einschränkungen der Freiheiten der Kinder

gefährdet durch
- Ehescheidung/Trennung
- alleinerziehende Mutter /Vater
- Berufstätigkeit beider Eltern
- zu wenig Zeit füreinander
- Reizüberflutung
- Körperliche und psychische Erkrankung der Eltern
- Drogenkonsum
- Kindesmisshandlung
- Gewalt in der Familie

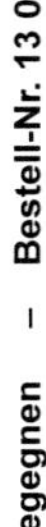

4. Familie

S. 20: Meinungen von Schülern über die Familie

1. Michael beschreibt seine Familie als einen Ort der Geborgenheit, wo jeder dem anderen hilft und man sich aufeinander verlassen kann.
   In Katharinas Familie leben alle aneinander vorbei. Jeder erledigt seine Aufgaben und kümmert sich nicht um den anderen.
2. Vorschläge: Familienrat einberufen. Mit den einzelnen Familienmitgliedern über die Situation sprechen und seine Wünsche einbringen und Ideen, wie man sie realisieren kann z. B. Zeit für gemeinsame Unternehmungen einplanen, gemeinsame Freizeitgestaltung, Hobbys, die man miteinander machen möchte, Urlaub, Ausflüge etc.

S. 21: Selbstständigkeit als Erziehungsziel

1. Das Jugendalter ist gekennzeichnet durch die Pubertät. Der Jugendliche ist kein Kind mehr und noch kein Erwachsener und steht daher zwischen zwei Welten. Jugendliche haben es in unserer Gesellschaft besonders schwer, da sie sich in einer schwierigen und unklar bestimmten Position befinden, die gekennzeichnet ist durch Berufswahl, Partnersuche, Leistungsprobleme, Konfliktbewältigung, Ablösung vom Elternhaus und Streben nach mehr Selbstständigkeit etc.
2. Entwicklungsaufgaben im Jugendalter:
   - Ablösung von den Eltern, - Entwicklung von Eigenständigkeit und Autonomie, - Aufbau der eigenen Identität,
   - Finden der eigenen Geschlechtsrolle, - Entwicklung eigener Moralvorstellungen und Werte, - Gestaltung von Perspektiven für die eigene Zukunft, - Wahl der weiteren Bildungslaufbahn oder eines Berufes.

Wer gehört zur Familie Jesu?
Zur Familie Jesu gehören alle, die an Gott glauben und seinen Willen tun.

S. 22: Familie im Wandel

1. Sebastian schreibt an seine Mutter, die gerade zur Kur ist. Darin beschreibt er in ironischer Weise, wie es ohne sie zu Hause abläuft. Er berichtet auch, dass er gut zurechtkommt, auch mit den jüngeren Geschwistern und die Arbeit auch ohne sie schafft.
   Jens rührt zu Hause keinen Finger. Er beteiligt sich nicht an der Hausarbeit und hat die egoistische Einstellung, seine Eltern müssten ihn, da sie ihn auch in die Welt gesetzt haben, ‚durchfüttern'.
2. Argumente für ein Mehrgenerationenhaus:
   - Großeltern können sich um die Betreuung ihrer Enkelkinder kümmern. Dies spart Betreuungskosten.
   - Die Familie hält zusammen und unterstützt sich gegenseitig.
   - Die Bewohner teilen sich die Kosten und können in der Regel günstiger leben.
   - Die Kinder können vom Erfahrungsschatz der älteren Generation profitieren.

   Argumente gegen ein Mehrgenerationenhaus:
   - unterschiedliche Ansichten, insbesondere in Fragen der Erziehung. Dies kann zu Problemen führen.
   - Persönliche Freiheiten müssen unter Umständen eingeschränkt werden.
   - Schwierigkeiten, ein geeignetes Haus zu finden. Genügend Platz und barrierefreies Wohnen sind wichtig.
   - Jeder Einzelne hat klar definierte Aufgaben und Pflichten, die eingehalten werden müssen.
3. Familienstruktur im 19. Jahrhundert:
   Im 19. Jahrhundert war das Patriarchat vorherrschend, d. h. der Mann hatte das Sagen. Frau und Kinder mussten sich ihm unterordnen. Die Ehe hatte eine hohe Verbindlichkeit. Sie war auf Dauer angelegt. Ein Auseinandergehen der Eheleute war gesellschaftlich nicht akzeptiert. Fast alle Kinder wuchsen mit vielen Geschwistern heran, die teilweise je nach Schichtzugehörigkeit schon von klein auf zum Familienunterhalt beitragen mussten.
4. Die Kinder waren in die Lebens- und Arbeitswelt der Erwachsenen fest miteingebunden. Sie mussten häufig zur Sicherung der Existenz ihrer Familie beitragen. Nur Kinder aus höheren Kreisen konnten zur Schule gehen oder hatten Privatlehrer. Die meisten Kinder arbeiteten in Fabriken gegen Hungerlöhne Handlangerdienste. Sie arbeiteten an Maschinen bis zu dreizehn oder fünfzehn Stunden am Tag unter unmenschlichen Bedingungen.
5. Das 4. Gebot: „Du sollst Vater und Mutter ehren."

S. 23: Das vierte Gebot

Das bedeutet das 4. Gebot: *„Ehre deinen Vater und deine Mutter"* heute:

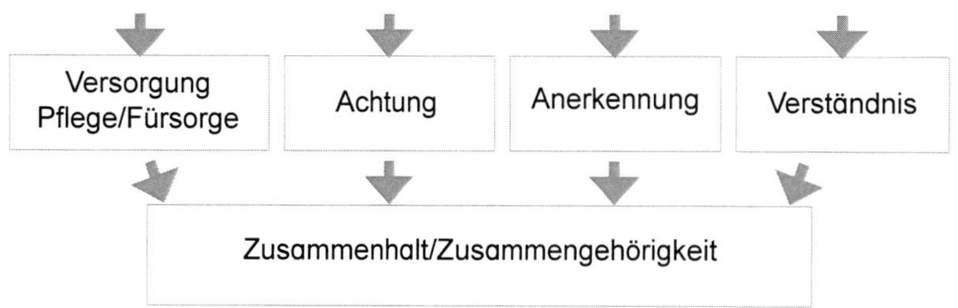

4. Familie

S. 23: **Das vierte Gebot**

1. Das 4. Gebot bedeutet, man soll seinen Eltern mit Respekt und Würde begegnen, sie achten und ehren.
2. Ältere Menschen werden in der heutigen Gesellschaft oft als wertlos angesehen, abgeschoben. Sie zu besuchen gilt eher als Zeitverschwendung. Dabei sind gerade ältere Menschen diejenigen, die unsere Fürsorge und Hilfe benötigen.
3. Das 4. Gebot ist heute in unserer immer älter werdenden Gesellschaft sehr aktuell. Kinder verlieren oft, je älter sie werden, den Kontakt zu ihren Eltern. Spontane oder regelmäßige Familienbesuche werden immer seltener. Oft muss aufgrund der räumlichen Distanz die Pflege erkrankter oder alter Eltern Pflegekräften überlassen werden. Die Aufforderung zum Respekt beinhaltet auch, sich Zeit zu nehmen für die Eltern, ihnen zuzuhören und für sie da zu sein, sie zu unterstützen und ihnen zu helfen.

S. 24: 5. Die Frage nach dem Glück - Lehrlinge des Glücks - eine Geschichte

1. Sie sind nicht zufrieden mit dem, was ihnen geboten wird. Sie wollen immer mehr.
2. individuelle Schülerantworten
3. Konsum ist nicht der Schlüssel zum Glück. Er hält uns eher davon ab, ein erfülltes Leben zu führen. Was wirklich glücklich macht sind soziale Beziehungen wie z. B. Freundschaft, Familie etc.

S. 25: **Was ist Glück?**

1. individuelle Schülerantworten
2. Glückssymbole und ihre Bedeutung:
   - Glückspfennig: Symbol für Reichtum. Hat man einen Glückspfennig, geht das Geld nie aus.
   - vierblättriges Kleeblatt: sind äußerst selten zu finden. Nach einer Legende nahm Eva ein vierblättriges Kleeblatt aus dem Paradies mit. Es sollte sie an die glückliche Zeit erinnern.
   - Glücksschwein: Schweine machen ihre Besitzer reich, da sie alles essen, was sie finden.
   - Hufeisen: Das Pferd galt als ein Symbol für Kraft und Stärke. Die Öffnung des Hufeisens soll nach oben zeigen, weil sonst das Glück herausfällt.
   - Marienkäfer: Schon im Mittelalter wurden sie der heiligen Maria gewidmet. Der Marienkäfer soll die Kinder beschützen und Kranke heilen. Sieben Punkte auf seinen Rücken gelten als Glückszahl.
   - Scherben: Der Lärm beim Zerschmettern zwingt das Glück herbei. ‚Scherben bringen Glück'.
   - Schornsteinfeger: Das Berühren eines Schornsteinfegers soll Glück bringen. Im Mittelalter war der Beruf des Schornsteinfegers überlebenswichtig, da häufig wegen der schlecht gereinigten Schornsteine Brände ausbrachen.
   - Sternschnuppe: Fällt eine Sternschnuppe vom Himmel, soll ein Wunsch in Erfüllung gehen. Man war der Ansicht, dass Sternschnuppen Dochte sind, die auf die Erde fielen, wenn die Engel ihre Himmelskerzen putzten.
3. individuelle Ausführungen
4. Ergebnisse der Glücksforschung:
   Glücksfaktor Nummer 1: gelingende soziale Beziehungen. Dies muss nicht immer ein Lebenspartner sein, auch Freunde und Familienangehörige spielen eine wichtige Rolle. Enge Beziehungen sind das Wichtigste, um glücklich und zufrieden durchs Leben zu gehen.
   Glücksfaktor Nummer 2: Geld spielt keine so wichtige Rolle. Wichtig für unser Glück ist, dass das Einkommen die materiellen Bedürfnisse deckt.
   Glücksfaktor Nummer 3: Altruismus. Sich um andere Menschen zu kümmern, ihnen zu helfen, sich sozial zu engagieren, macht den Menschen glücklich.
   Glücksfaktor Nummer 4: eine erfüllende Tätigkeit im Leben. Dabei kann es sich sowohl um den eigenen Beruf, als auch um eine ehrenamtliche Tätigkeit handeln. Es sollte eine Tätigkeit sein, die Sinn stiftet, bei der man seine Stärken einsetzen kann, die Spaß macht und bei der man Wertschätzung erfährt.
   Glücksfaktor Nummer 5: Dankbarkeit. Sie erhöht die Lebenszufriedenheit. Sich an den kleinen Dingen des Lebens zu freuen und dankbar zu sein für alles was man hat, erhöht unser Wohlbefinden.
5. Gründe, warum Finnland das glücklichste Land der Welt ist:
   - günstiger Lebensstandard: Finnland hat eine hohe Lebensqualität und die niedrigste Bevölkerungsdichte der EU. Etwa 18 Menschen leben dort auf einem Quadratkilometer, in Deutschland sind es 233.
   - unberührte Natur: 75 Prozent der Oberfläche Finnlands sind mit Wäldern bedeckt. Finnland steht für entspannte Waldspaziergänge, Saunas und eine ausgewogene Küche.
   - Design und Architektur: Finnlands Hauptstadt Helsinki ist hierfür bekannt.
   - sicheres Land: Finnland ist das stabilste und sicherste Land in Bezug auf Naturkatastrophen, auch das am wenigsten korrupte Land. Das finnische Gesundheitssystem zählt mit zu den besten in ganz Europa.
   - verantwortungsvolle Staatsführung: Das Land ist bekannt für seine gute Staatsführung. Es steht für Pressefreiheit, Menschen- und Kinderrechte und die Gleichstellung der Geschlechter.
   - gutes Bildungssystem: Finnland gilt in Bezug auf Schulung und Bildung nach den PISA-Studien als vorbildlich. Der Unterricht ist dort ebenso kostenlos wie andere soziale Leistungen z. B. eine warmes Schulessen, das Unterrichtsmaterial, Schulbücher und der Schülertransport. Die Grundidee dahinter ist, allen Schülern die gleichen Chancen zu geben.

KOHL VERLAG ARBEITSHEFT ETHIK Band 3: Dem anderen begegnen – Bestell-Nr. 13 094

5. Die Frage nach dem Glück

S. 26: Das Hemd des Glücklichen

1. Der russische Schriftsteller Leo Tolstoi will mit der Geschichte aussagen, dass zum einen das Glück nicht an materielle Dinge gebunden ist und zum anderen, dass Menschen sich ihr Glück nicht kaufen können. Reichtum ist für ein glückliches Leben eher hinderlich.
2. Der Mann war dankbar gegenüber Gott, denn er erlebte, dass Gott ihm alles schenkte, was er zum Leben brauchte: Arbeit, etwas zu essen, ein Dach über dem Kopf, eine Schlafstelle. Der Mann dachte nicht über das Geld nach und wie er seinen Reichtum vermehren könnte. Er war zufrieden und glücklich, mit dem was er hatte.
3. z. B. ein neues Haus, teure Kleidung, Auto, luxuriöse Wohnausstattung, Geld für einen guten Zweck spenden, Familie und Freunden etwas abgeben etc.
4. individuelle Schülerantworten

S. 27: Was brauche ich, um glücklich zu sein?

1. immaterielle Dinge: Freunde, Familie, Partner, Glaube, Liebe, Zuhause, Freude, Geborgenheit, Wertschätzung, Zuwendung, Zufriedenheit, Gesundheit, Kinder, Anerkennung, Freizeit, Hobbys etc.
   materielle Dinge: viel Geld, teure Möbel, Luxusurlaub, Markenkleidung, Villa, Grundstück, Jacht, Porsche, Schmuck, Pelze etc.
2. Glück bedeutet für mich eine harmonische Familie und Freunde zu haben, die mir helfen und zu mir stehen und auf die ich mich verlassen kann. Glück ist auch für mich, dass ich gesund bin, meine Freizeit gestalten kann, wie ich es möchte etc.
3. individuelle Schülerantworten
4. Materielle Dinge wie Geld, Haus, Auto und Computer sind zwar wichtig im Leben, spielen aber für das persönliche Glück eines Menschen keine so große Rolle. Studien fanden heraus, dass Menschen mit nichtmaterialistischen Lebenszielen von größerer Zufriedenheit in ihrem Leben berichten, als Menschen, die eher materialistische Ziele verfolgen.
5. Nach einer Harvard-Studie machen zwischenmenschliche Beziehungen glücklich. Persönliche Beziehungen schaffen eine mentale und emotionale Stimulation, die automatisch die Stimmung hebt. Man fühlt sich in harmonischen Beziehungen glücklich. Man hat immer jemanden, der sich mit einem freut oder mit dem man über seine Probleme reden kann und der einen mit Rat und Tat zur Seite steht.

S. 28: Fromme Menschen sind glücklicher

Jesus stand in einer besonderen Beziehung zu Gott. Er vertraut sich Gott ganz an. Auch dieses Vertrauen-Können gehört zum Glücklichsein. „Ich und der Vater sind eins", sagt er im Johannesevangelium. Aus der Einheit mit Gott hat Jesus sein Glück verschenkt an die Menschen, die am Rande der Gesellschaft stehen, die Schwachen, Kranken, Armen und Verachteten. Das Wichtigste, das für ihn zählt ist die Liebe.

S. 29/30: Wie Kirchenlehrer Augustinus glücklich wurde

Theologe, Kirche, Tagaste, Beamter, Christin, Kindertaufe, Navigius, Äbtissin, Madauros, Angeber, Redekunst, Liebesabenteuer, fünfzehn, Adeodatus, Philosophie, Karthago, Rhetorik, Wahrheit, Glauben, Ambrosius von Mailand, Christentum, taufen, Bischof, Besitz, Schrifttum, Briefe

S. 30: Wie fand Kirchenvater Augustinus sein Glück?

In seinen Bekenntnissen beschreibt Augustinus seinen Weg vom rebellischen Jugendlichen und ehrgeizigen Aufsteiger zum christlichen Bischof. Seiner Ansicht nach kann man Glück nur in einer positiven Beziehung zu Gott finden.

S. 31: Menschen, die glücklich sind

Gründe, warum diese Menschen glücklich sind:

Frau Riehte: - harmonische Familie, die zueinander hält, - ausreichend zu essen, - eine Wohnung, - Zufriedenheit.

Krankenschwester Maria: - helfender Beruf, - kümmert sich um kranke Menschen, - ist für andere da.

Ein alter Mann: - seine Frau, die immer zu ihm hielt, - gute Freunde, mit denen man über alles reden kann, - drei Kinder, - die Gemeinschaft einer Familie, die zueinander hält und Liebe und Geborgenheit vermittelt.

Literaturverzeichnis

Bleske, E.: Konfliktfeld Ehe und christliche Ethik, München 1981

Die Bibel nach Martin Luthers Übersetzung, Deutsche Bibelgesellschaft, Stuttgart 2017

Flasch, K.: Augustin – Einführung in sein Denken. Stuttgart.

Furger, E.: Die Zehn Gebote, Freiburg 1983.

Gleißner, A. (Hrsg.): Entscheidungen – Lehr- und Arbeitsbuch für den katholischen Religionsunterricht an beruflichen Schulen in Bayern. 11. Jahrgangsstufe. München, 1983.

Hagedorn, R. (Hrsg.): Kontakte – Lese- und Arbeitsbuch für den Religionsunterricht in beruflichen Schulen; Band 1 und 2. Paderborn, 1981.

Häusler, G., Euringer, M. (Hrsg): Unterrichtswerk für den Ethikunterricht am Gymnasium. 8. Jahrgangsstufe, Ernst Klett Verlag Stuttgart 2010.

Lau, M. (Hrsg.): theologisch, Band 6, Buchner Verlag, Bamberg 2018.

Menn-Hilger, Ch.: Die Zehn Gebote - Infos, Materialien, Provokationen; In: Arbeitsmaterialien für die Sekundarstufe, Mühlheim a. d. Ruhr, 2003

Nörtesheuser, H.–W. u. a.: Den Glauben leben 9 – Als Christ leben und handeln – Ein Religionsbuch für das 9. Schuljahr. Freiburg im Breisgau, 1990.

Nörtesheuser, H.–W. u. a.: Den Glauben leben 7 – Erwachsen werden – Christ werden – Ein Religionsbuch für das 7. Schuljahr. Freiburg im Breisgau, 1992.

Steinwede, D. (Hrsg.): Neues Vorlesebuch Religion 1. Jahr, 1996.

Wiebering, J.: Partnerschaftlich leben – Christliches Ethos im Alltag. Berlin, 1985.

Abstract

Im Ethikband 3 ‚Dem anderen begegnen' geht es um Themen, die im Leben junger Menschen von Bedeutung sind wie Freundschaft, ihre Bedeutung und Merkmale, Konflikte und Lösungsmöglichkeiten wie das Eisbergmodell, das Leben in Gruppen, Liebe, Partnerschaft, Ehe, der Wandel der Familie und die verschiedenen Formen der Familie in der heutigen Zeit. Ein weiteres Kapitel behandelt die Frage nach dem Glück und stellt eine Glücksformel vor.
Der Ethikband orientiert sich dabei an den Lehrplänen und lässt sich jederzeit ohne Vorbereitungsaufwand sowohl im Ethik-, als auch im Religionsunterricht beider Konfessionen an allen Schularten in den Klassen 5 – 10 einsetzen. Die von der Autorin zusammengestellten Unterrichtshilfen bringen Abwechslung, Farbe und Humor in die tiefen Auseinandersetzungen menschlichen Lebens.
Als Kopiervorlagen im Ethik- und Religionsunterricht beider Konfessionen empfehlenswert!

Aus dem Inhalt:

- Freundschaft und ihre Bedeutung
- Konflikte und ihr Umgang
- Das Eisbergmodell
- Leben in Gruppen
- Liebe und ihre Ausdrucksformen
- Gedichte über die Liebe
- Partnerschaft u. Ehe
- Vorstellungen über die Ehe
- Ehe in der Krise – Scheidung?
- Die Familie
- Bedeutung der Familie
- Formen der Familie
- Unterscheidung Groß- und Kleinfamilie
- Familienfeiern
- Familie im Wandel
- Das 4. Gebot
- Die Frage nach dem Glück u. v. m.

Zur Autorin:

Dr. phil. Elisabeth Höhn, Lehrerin an verschiedenen Schulen, Dozentin an Berufsfachschulen und Fachakademien (Unterrichtsschwerpunkte: evangelische Religionslehre, Deutsch, Sozialkunde, Ethik, Pädagogik, Psychologie, Soziologie), Autorin mehrerer Schul- und Rätselbücher.

ARBEITSHEFT ETHIK
Band 3: Dem anderen begegnen – Bestell-Nr. 13 094

Bildnachweise

Bildquellen © AdobeStock.com:

S. 2: Africa Studio;
S. 5: Erica Guilane-Nachez, Sladjana;
S. 6: Good Studio
S. 7: BNP Design Studio, Let's-Get-Creative;
S. 8: Digital Vision Lab, simoneminth;
S. 9: wetzkaz, SoulMyst;
S. 10: Jafree; Erica Guilane-Nachez
S. 11: Emir, refresh(PIX), Song_about_summer;
S. 12: Elz; inika
S. 13: Yuliia
S. 14: Goffkein, tota;
S. 15: etoileark, Tim;
S. 16: Matthias Stolt, luckybusiness;
S. 17: serkan, Guy;
S. 18: serkan;
S. 20: yindee;
S. 21: Dzianis Vasilyeu, Faith Stock;
S. 22: Prostock-studio
S. 24: Olena, Sarah;
S. 25: Archivist, S.H.exclusiv;
S. 26: nugi, Elena;
S. 28: PhotoGranary;
S. 29: Renáta Sedmáková (2x);
S. 30: Renáta Sedmáková;
S. 31: Adam Gregor, Denis;